रिटेल मास्टरी

3X फुटफॉल और मुनाफा बढ़ाने का रहस्य!

रिटेल मास्टरी

3X फुटफॉल और मुनाफा बढ़ाने का रहस्य!

अमित सिंघल

Worldwide Published by
Pendown Press

PENDOWN PRESS LLP

An ISO 9001 & ISO 14001 Certified Co.,

Regd. Office: 3767A, Kanhaiya Nagar,

Tri Nagar, Delhi-110035

Ph.: 8130886000, 9650072927, 8595249536

E-mail: info@pendownpress.com

Branch Office: 1A/2A, 20, Hari Sadan, Ansari Road,

Daryaganj, New Delhi-110002

Ph.: 011-45794768

Website: PendownPress.com

Edition: 2024

Price: ₹ 399

ISBN: 978-93-6338-713-3

Layout and Cover Designed by Pendown Graphics Team

Printed and Bound in India by Thomson Press India Ltd.

विषय-सूची

प्रस्तावना

अमित मेरे सबसे पुराने पेशेवर सहयोगियों में से एक हैं, हम लगभग 30 सालों से एक-दूसरे के साथ विचारों का आदान-प्रदान कर रहे हैं। मैंने उन्हें एक स्मार्ट B-to-B प्रोफेशनल से B-to-C सेल्स के समर्थक के रूप में विकसित होते देखा है, जो भारत में ब्रांडेड फैशन रिटेल के विकास को दर्शाता है।

अमित ने एक लेखक के रूप में एक साहसिक यात्रा शुरू की है, जो रिटेल के मूल सिद्धांतों पर प्रकाश डालने की कोशिश कर रहे हैं, जो अक्सर नजरअंदाज कर दिए जाते हैं।

अमित स्वाभाविक रूप से बहुत ही बारीकी से ध्यान देने वाले व्यक्ति हैं, जो इस किताब को बनाने में बहुत मददगार साबित हुआ है। यह किताब रिटेल के उस कहावत को दर्शाती है कि

"रिटेल इज़ डिटेल"।

यह किताब रिटेल के उन पेशेवरों के लिए बहुत फायदेमंद होगी, जो रोज़मर्रा की चुनौतियों में इतने व्यस्त होते हैं कि महत्वपूर्ण बातों पर ध्यान नहीं दे पाते। यह किताब उस कमी को पूरा करेगी और उन्हें एक नई दिशा देगी।

निखिल मोहन
संस्थापक और निदेशक
Blackberrys

आभार

मेरी पहली किताब एक लंबे समय से संजोई गई इच्छा का परिणाम है।

यह मेरे शुभचिंतकों की प्रेरणा और समर्थन के कारण संभव हुआ है, जिन्होंने इस यात्रा में मेरी मदद की।

जीवन एक शैक्षिक संस्थान है और हम जीवनभर सीखते रहते हैं। हम दूसरों को प्रेरित करते हैं और खुद भी दूसरों से प्रेरित होते हैं। इस प्रेरणादायक यात्रा में मेरा धन्यवाद उन सभी के प्रति है, जिन्होंने अपनी उपस्थिति से इसे संभव बनाया।

तीन दशकों की यह यात्रा मेरे प्रिय पिता, स्व. श्री धर्म प्रकाश सिंघल, के मजबूत समर्थन और आशीर्वाद के बिना संभव नहीं होती। वे मेरे पहले कोच थे, जिन्होंने मुझे रिटेलिंग की दुनिया में नैतिकता और व्यापार की बारीकियाँ सिखाई।

मैं अपने तहेदिल से कृतज्ञता व्यक्त करना चाहता हूँ -

- आपके लिए, रीडर्स, अपना कीमती समय और ध्यान देने के लिए। यह आपके लिए है, मैं जो करता हूँ, आपके लिए ही करता हूँ। आपके अनंत प्यार और समर्थन के लिए दिल से धन्यवाद।
- मेरे पहले मेंटर, Blackberrys के श्री निखिल मोहन के लिए, जिन्होंने हमारे लगभग 30 वर्षों के जुड़ाव में मुझे मूल्यवान इनसाइट्स प्रदान की है और वर्षों से अपने अनंत ज्ञान को मेरे साथ साझा करते आ रहे हैं। वह हमेशा से मेरे आदर्श रहे हैं मैं हमेशा उनकी ओर देखता हूँ। धन्यवाद सर, दिल से।

- मेरे दोस्त, मेंटर, कोच और एक शानदार मार्केटिंग गुरु, अक्षर यादव को, जिन्होंने मुझे इस किताब को लिखने के लिए प्रेरित किया और मार्गदर्शन किया। उनकी दृढ़ता और प्रोत्साहन के बिना, मैं इस किताब को लिखने की दिशा में एक इंच भी नहीं बढ़ पाता। अक्षर भाई, दिल से धन्यवाद।
- मेरी बहन, अपर्णा जैन को, जो इस किताब की पहली पाठक बनीं और मैन्युस्क्रिप्ट पर मुझे बेहतरीन सुझाव दिए।
- मेरे दोस्त और प्रकाशक, दिनेश वर्मा को, जिन्होंने मेरे कंधों से प्रकाशन का बोझ काम किया। दिनेश भाई ने इस किताब के कवर डिज़ाइन, अंतिम संपादन, प्रूफरीडिंग, फॉलो-अप और प्रकाशन की जिम्मेदारी बखूबी निभाई है।
- मेरे दोस्तों, अनुराग, संदीप, दीपक, राजीव, कमल, चंदन, संजय और सचिन को, जिन्होंने कंटेंट से संबंधित सभी बातचीत और अंतहीन सवालों को ध्यान से सुना।
- सबसे खास, मेरे जीवन के सबसे विशेष व्यक्ति के लिए – मेरी दोस्त, मेरी गर्लफ्रेंड और हाँ, मेरी पत्नी शालिनी को। उन्होंने मुझ पर विश्वास रखा और उनके बच्चों की तरह उत्साह ने मुझे उस संदेह से निपटने में मदद की जो इस यात्रा के दौरान आया।
- मेरे दोनों बच्चों, उत्कर्ष और मेध्या को, जिन्होंने इस यात्रा के दौरान ये समझने में मेरी मदद की कि इस काम में काफी समय लगेगा, कई वीकेंड्स ऐसे ही चले जाएंगे और कई छुटियाँ कैंसिल हो जाएंगी लेकिन पूरी यात्रा के दौरान उन्होंने अपना साथ बनाए रखा।

आप सभी वह रोशनी हैं जो मुझे राह दिखाते हैं।

OOOO

रिटेल मास्टरी

3x फुटफॉल और मुनाफा बढ़ाने का रहस्य!

"यह समय है कि आप अपने कल्पना किए गए
जीवन को जीना शुरू करें"

– हेनरी जेम्स

"हर सेकंड एक मौका है
अपने जीवन को बदलने का।"

– अज्ञात

"आरामदायक क्षेत्र एक खूबसूरत जगह है
लेकिन वहाँ कुछ भी विकास नही करता।"

– जॉन असराफ

यदि हम वह सब कुछ करते जो हम करने में सक्षम हैं,
तो हम सचमुच खुद को चकित कर देंगे।

– थॉमस एडिसन

"बिना परिवर्तन के प्रगति असंभव है और जो लोग
अपने विचार नहीं बदल सकते, वे कुछ भी नहीं बदल सकते।"

– जॉर्ज बर्नार्ड शॉ

भूमिका

मेरी यात्रा
भविष्य की खोज में

क्या आप कभी किसी रिटेल स्टोर में घूमते हुए पहुँचे हो और वहाँ की ऊर्जा को महसूस किया है, जैसे कोई प्राकृतिक शक्ति आपको छू रही हो?

स्टोर का हर कोना मानो जीवंत हो और आमंत्रित महसूस होता हो जैसे कि यह आपको गले लगाना चाहता हो और आपको अपनी कहानी में शामिल करना चाहता हो। आपकी सुनने की इंद्रिय स्टाफ और ग्राहकों के बीच की हँसी, गहरी बातचीत और शॉपिंग बैग के सरसराहट की आवाज़ से जुड़ी होती है।

अब, जब आप शेल्वेस और डिस्प्लेस पर नजर डालते हैं, तो आपको एक अद्भुत दृश्य देखने को मिलता है। ये खूबसूरती से सजाए गए प्रोडक्ट्स से भरी हैं, जो आपको आकर्षित और आमंत्रित करते है। यह बिलकुल एक विजुअल ट्रीट की तरह है।

यह कोई सामान्य स्टोर नहीं है, जहाँ आप सिर्फ खरीदारी करने आते हैं; यह एक अनुभव है, एक खोज की यात्रा है, जहाँ आप ऐसे खजाने पाते हैं जो आपकी आंखों में चमक और आपके कदमों में उत्साह भर देते हैं।

ऐसा स्टोर केवल चीजें खरीदने के लिए जाने का स्थान नहीं है, यह आराम करने, एक उत्पादक और आत्मीय अनुभव के लिए एक जगह है।

इसके विपरीत, एक और सीन के बारे में सोचें: एक स्टोर जिसमें अच्छी रोशनी नहीं है या है भी तो बहुत तेज है। वहाँ एकदम सन्नाटा पसरा है, बस एक सहायक के कदमों की आवाज सुनाई दे रही है।

हालांकि प्रोडक्ट्स की कमी नहीं है, लेकिन वे ठीक से नहीं लगाए गए हैं, और दुकान का माहौल जरा सा भी गर्मजोशी से भरा नहीं लगता।

आप किस रिटेल स्टोर से बार-बार खरीदारी करना चाहेंगे?

बिल्कुल, इसमें तो सोचने वाली कोई बात ही नही है!

यह, मेरे प्यारे रिटेल बिजनेस मालिकों, एक स्पष्ट और असली उदाहरण है कि क्यों कुछ स्टोर्स सफल होते हैं और कुछ नहीं। यहाँ फर्क केवल भाग्य का नहीं होता, बल्कि एक मालिक की वास्तविक सफलता को चलाने वाली समझ से भी होता है और दूसरे की इस समझ की कमी से।

यह कोई जादू नहीं है!

यह कोई रहस्यमय जादू नहीं है; यह रिटेल के बुनियादी सिद्धांतों को समझने के बारे में है, उन छिपे हुए खजानों के बारे में है, जो एक स्टोर को "भूलने लायक" से "यादगार" में बदल सकते हैं।

मेरा पहला प्यार

मेरे पिता के साड़ी शोरूम की रंगीन रेशमी साड़ियाँ और जटिल कढ़ाई मेरे बचपन का एक हिस्सा मात्र नहीं थीं; वे रिटेल के प्रति मेरे जीवनभर के प्यार की पहली बुनियाद थीं।

किसी ग्राहक के चेहरे पर खुशी देखना, जब वह अपनी मनपसंद साड़ी ढूंढ लेती थीं, मेरे लिए बहुत खास होता था। उनके लिए यह साड़ी सिर्फ कपड़ा नहीं, बल्कि उनके सपनों की पूर्ति और अपनी भावनाओं को व्यक्त करने का तरीका थी। इस अनुभव ने मुझमें एक नई ऊर्जा भर दी

– रिटेल की ताकत को समझने की, जो सिर्फ रूप बदलने नहीं, बल्कि जिंदगी बदलने में भी मदद करती है।

मुझे एक विशेष ग्राहक आज भी याद है, एक युवा महिला एक बार हमारे स्टोर में आई थी। वह थोड़ी शर्मीली और असमंजस में लग रही थी। और मैंने थोड़े ही समय में उसके हाव-भाव में एक बदलाव से देखा। अनिश्चितता के साथ स्टोर में प्रवेश किया, उसकी आँखें इतने सारे विकल्पों की भरमार में मानो खो सी गईं थी।

हालांकि, धीरे-धीरे मार्गदर्शन के साथ, उसे एक साड़ी दिखाई गई जो मानो उसके लिए ही बनी थी। जैसे ही उसने उसे अपने चारों ओर लपेटा, उसका पूरा body language ही बदल गया। उसकी आँखें आत्मविश्वास से चमकने लगीं थी, और वह अपने चेहरे पर ख़ुशी की एक बड़ी सी मुस्कान लिए बिलकुल सीधे खड़ी थी।

यह अनुभव न सिर्फ उसके लिए बदलाव भरा था, बल्कि मेरे लिए भी एक खास पल था।

तभी मुझे रिटेल का असली मतलब समझ आया —

यह सिर्फ लेन-देन तक सीमित नहीं था; बल्कि यह खुशी और आत्म-विश्वास के पल बनाने के बारे में था।

स्टोर को अपने खेल के मैदान की तरह देखते-देखते मैं बड़ा हो गया, जब मैंने पहली बार काम करना शुरू किया, तो यह मेरे लिए स्वाभाविक लगा, मानो जैसे एक मछली साफ पानी में कूद रही हो।

हालांकि, जैसे-जैसे मैंने सेल्स में कदम रखना और ग्राहकों से बातचीत करना शुरू किया, तो मुझे एक कमी सी महसूस हुई, मुझे लगा कोई चीज़ मुझे रोक रही है। एक सीमित स्टोर, हालाँकि वह बहुत मूल्यवान था, पर एक बड़े स्तर पर लोगों तक नही पहुँच सकता था, जिनसे मैं जुड़ना चाहता था।

रिटेल के जादू को बड़े पैमाने पर दिखाने की इच्छा मेरे भीतर पनपने लगी।

मेरा दिल चाहता था कि मैं बहुत से लोगों के जीवन में बदलाव लाऊं और दूसरे रिटेलर्स को रिटेल के जादू को फिर से खोजने में मदद करूं।

इसलिए, अपने दिल में सपने और सीखे गए सबक की बुद्धिमत्ता के साथ, मैंने एक नए सफर की शुरुआत की - अपना खुद का रिटेल व्यवसाय शुरू करने की शुरुआत।

लेकिन जब मैंने अपने फैमिली शो-रूम के आरामदायक माहौल से बाहर कदम रखा, तो मैंने एक बिल्कुल अलग तस्वीर देखी।

ज्यादातर स्टोर सिर्फ ग्राहकों को अपनी ओर खींचने में लगे हुए थे। उनका लक्ष्य केवल बिक्री करना था, और वे ग्राहकों की सेवा करने या अतिरिक्त कुछ करने की कोशिश नहीं कर रहे थे।

यह ऐसा था जैसे कोई शेफ बिना आटे के केक बनाने की कोशिश कर रहा हो – परिणाम निश्चित रूप से अधपका और खराब होने वाला था।

ये रिटेल स्टोर शार्ट-टर्म लाभ पर अपना ध्यान इतना केंद्रित कर रहे थे कि वे रिटेल के मूलभूत तत्वों को अनदेखा कर रहे थे – वही चीजें जो उन्हें अलग और सफल बना सकती थीं।

हालांकि मेरे 30 से अधिक वर्षों के इस गतिशील उद्योग में रहने के दौरान, मैंने एक समस्या को बार-बार होते देखा है कि ज्यादातर रिटेलर्स रोज़मर्रा की गतिविधियों के दबाव में सिर्फ सेल्स के आंकड़े को बढ़ाने पर ध्यान केंद्रित करके रखते हैं। वे अक्सर उन मूलभूत बातों को भूल जाते हैं जो ग्राहकों को आकर्षित करती हैं।

सेल्स - यह एकमात्र मापदंड बेशक बहुत महत्वपूर्ण है, लेकिन इसे असली रिटेल सफलता की नींव को छुपाने की अनुमति देना एक बड़ी गलती है।

यह देखकर दुख होता था कि प्रतिभाशाली रिटेलर्स संघर्ष कर रहे थे क्योंकि उनके पास एक मजबूत आधार नहीं था। वे शार्ट-टर्म लाभ पर ध्यान केंद्रित कर रहे थे, जिससे उनके बिज़नेस की लॉन्ग-टर्म स्थिरता प्रभावित हो रही थी। उनके संघर्षों को देखकर मेरे अंदर एक जलती हुई इच्छा जाग उठी – मदद करना, सशक्त बनाना।

इस यात्रा में चुनौतियाँ भी आईं। रणनीति बनाने में लंबी रातें बीतीं, और फिर सप्लाई चैन की जटिलताओं को नेविगेट करने में बाधाएं आईं। साथ ही, हमेशा बदलते कंस्यूमर ट्रेंड्स के साथ कदम से कदम मिलाकर चलने की निरंतर सीखने की प्रक्रिया भी थी।

पर मैंने इन बाधाओं को अपने रास्ते में आने नहीं दिया और रिटेलिंग, खुशियों, व्यवसाय और प्रशिक्षण के बारे में सबसे माहिर लोगों से सीखने की यात्रा पर निकल पड़ा ताकि अपने रिटेलर भाइयों की समस्याओं को हल करने के लिए बेहतर तैयार हो सकूँ ताकि उनके जीवन में एक परिवर्तन ला सकूँ।

और यहीं पर यह किताब और मेरी विस्तारित प्रतिबद्धता काम में आती है।

सालों की सावधानीपूर्वक अवलोकन के माध्यम से, मैंने रिटेल के मुख्य पहलुओं में अंदर तक प्रवेश किया है - वे अक्सर नजरअंदाज की जाने वाली छोटी-छोटी बातें जो फर्क डालती हैं, जैसे स्टाफ के व्यवहार और उनकी प्रेरणा को समझना, मालिक के नजरिए को जानना और कई कई छोटे-छोटे विवरण, इत्यादि।

तो, रिटेल के क्षेत्र में 30 साल बिताने के बाद, ब्रांडों के उतार-चढ़ाव को देखने से लेकर बदलते ट्रेंड्स को समझने और स्टोर्स द्वारा की गई हर गलती तक, मैंने यह तय किया है कि मैं अपने खोजे हुए रहस्यों को साझा करूँगा। मैंने सही तरीके की ताकत को भी देखा है।

यह किताब आपका सीक्रेट हथियार है!

कल्पना कीजिए एक ऐसा स्टोर जहाँ ग्राहक केवल आते-जाते नहीं हैं, बल्कि रुकते हैं, खोजते हैं, और एक मुस्कान के साथ बाहर जाते हैं। जहाँ हर प्रोडक्ट एक दिलचस्प कहानी बताता है, और जहाँ का माहौल इतना आमंत्रित करने वाला है कि लोग खुद को दोबारा आने से रोक नहीं पाते।

अब सोचिए एक ऐसी टीम जो केवल घड़ी की तरफ देखने के लिए नहीं है, बल्कि आपकी सफलता का हिस्सा बनने के लिए वास्तव में उत्साहित है। अब यह महज सपना नहीं है; यह एक हक़ीक़त है जो आपके पहुँच में है। और यह सब इस किताब से शुरू होता है।

यह किताब आपके लिए अपने स्टोर को बदलने का एक रास्ता है।

यह आपको दिशा दिखाने वाला एक कंपास है, जो रिटेल के मूल सिद्धांतों को समझने में मदद करता है। यह उन महत्वपूर्ण रणनीतियों पर ध्यान देती है, जो मैंने देखी हैं कि कैसे कठिनाइयों का सामना कर रहे व्यवसायों को आर्थिक रूप से सफल और ग्राहकों के लिए संतोषजनक बना देती हैं।

यह आपको अपने रिटेल के सफर में सुधार के क्षेत्रों की पहचान करने और तेजी से व्यवसाय बढ़ाने की क्षमता को खोलने के लिए तैयार करती है। यह सिर्फ एक गाइड नहीं है; इस यात्रा में आपका साथी है, जो आपको आपके स्टोर की असली क्षमता को पहचानने में मदद करता है।

क्या आप अपने स्टोर की असली क्षमता को उजागर करने के लिए तैयार हैं?

यह किताब केवल शुरुआत है, मेरा साथ इसके पन्नों तक ही खत्म नहीं होता। मैं सशक्त रिटेलर्स का एक समुदाय बनाना चाहता हूँ, एक ऐसा नेटवर्क जहाँ लोग एक-दूसरे से सीख सकें और सफलता की ओर मिलकर काम कर सकें।

जब आप इन पन्नों को पलटेंगे, तो आपको केवल रणनीतियाँ और सुझाव नहीं मिलेंगे, बल्कि कहानियाँ, अनुभव और असली जीवन के उदाहरण भी मिलेंगे जो हर कदम पर आपकी मदद करेंगे। आइए, मिलकर इस यात्रा पर चलें और आपके स्टोर के अंदर छिपी हुई संभावनाओं को बाहर लाएँ। और हाँ याद रखें, मैं हर कदम पर यहीं आपके साथ हूँ।

मुझसे ईमेल (amit@facetsgroup.net) के जरिए संपर्क करें और चलिए इस यात्रा को साथ में शुरू करते हैं। मैं आपके साथ खड़ा रहूँगा, आपको मार्गदर्शन दूँगा, और फिर हम साथ में आपकी सफलताओं का जश्न मनाएंगे।

आपके रिटेल विकास में आपका स्वागत है!

हम मिलकर आपके सपनों को सच करेंगे।

सादर,

अमित

अध्याय 1

चलो शुरू करते हैं, दोस्तों!
रिटेल सफलता के मुख्य पहिये

कल्पना करें कि आप एक व्यस्त चौराहे पर खड़े हैं, जहाँ ग्राहकों की भीड़ गाड़ियों की तरह आपकी दुकान के सामने से गुज़र रही है। कुछ लोग दुकान की ओर आकर्षित होते हैं, तो कुछ नज़र अंदाज़ करके आगे बढ़ जाते हैं।

इस भीड़-भाड़ में, आपके स्टोर को न सिर्फ़ ग्राहकों का ध्यान खींचना हैं, बल्कि ग्राहकों को रुकने, देखने और आख़िरकार खरीदारी के लिए मजबूर भी करना है।

यही सफल रिटेल की असली पहचान है। यह सिर्फ़ प्रोडक्ट बेचने तक ही सीमित नहीं होता, बल्कि ग्राहकों को ऐसा अनुभव देने के बारे में है जो ग्राहकों को दूसरे दुकानदारों की बजाय आपको चुनने पर मजबूर कर दे।

लेकिन, ऐसा कैसे किया जाए? और इस अनुभव को बनाने के लिए क्या आवश्यक है?

जैसा कि मैंने पहले वादा किया था, अब वक्त आ गया है कि मैं आपके साथ वो महत्वपूर्ण जानकारियाँ साझा करूँ, जो आपके रिटेल व्यवसाय को संघर्ष से सफलता की ओर ले जाएंगी। तो चलिए, अब बिना किसी देरी के शुरुआत करते हैं...

इस अध्याय में, मैं आपको उन चार प्रमुख पहियों के बारे में बताऊंगा, जो आपके व्यवसाय को सहजता और तेजी से सफलता की ओर ले जाएंगे।

रिटेल बेहतरी के चार पहिए

मैं चाहता हूँ कि आप अपने रिटेल व्यवसाय की कल्पना एक शानदार रथ या अपनी पसंदीदा लक्ज़री/स्पोर्ट्स कार के रूप में करें (जो भी आपकी पसंद हो)। जैसे आपकी कार को सुचारू और कुशलता से चलाने के लिए चारों पहियों का सही संतुलन होना जरूरी है, वैसे ही रिटेल में भी चार महत्वपूर्ण पहिए होते हैं जो आपकी सफलता को बढ़ावा देते हैं।

अगर आप चाहते हैं कि आपका व्यवसाय बिना किसी रुकावट के आसानी से आगे बढ़े, तो इन चारों पहियों पर ध्यान देना और उन्हें संतुलित रखना बहुत ज़रूरी है।

1. **विजुअल मर्चेंडाइजिंग (दृश्य प्रस्तुति)**

   यह पहला पहिया आपके स्टोर को वह आकर्षण देता है, जिससे ग्राहक दूर से ही आपकी ओर खिंचे चले आते हैं। आपके प्रोडक्ट्स को इस तरह से प्रदर्शित करना कि वे ग्राहकों को लुभाएं और उनमें खरीदने की इच्छा जगाएं, यही विजुअल मर्चेंडाइजिंग का असली मकसद है।

   विजुअल मर्चेंडाइजिंग की कला और विज्ञान यह है कि आप अपनी दुकान में रंग, रोशनी, जगह, और लेआउट का सही तरीके से इस्तेमाल करें। इससे आप अपने प्रोडक्ट्स के बारे में एक दिलचस्प और आकर्षक कहानी बता सकते हैं। यह महज फुसफुसा कर ही ग्राहकों की इच्छाओं और पसंदों को बयां कर देता है लेकिन इसका असर काफी जोरदार होता है। इस तरह, आप ग्राहकों को अपने प्रोडक्ट्स की ओर आकर्षित कर सकते हैं।

2. स्टाफ प्रशिक्षण और सशक्तिकरण

दूसरा पहिया आपके रथ का दिल या आपकी कार का इंजन है, और वो है - आपकी टीम जो इसे चलाती है। खुश, जानकार और आत्मविश्वास से भरे कर्मचारी किसी भी रिटेल व्यवसाय की जान होते हैं। वे ग्राहकों से सीधे जुड़ते हैं (आपके व्यवसाय का पहला चेहरा होते हैं), उन्हें जानकारी देते हैं, संबंध बनाते हैं और बिक्री को पूरा करते हैं। उनकी समझदारी और मदद से ग्राहक सिर्फ खरीदारी नहीं करते, बल्कि एक अच्छा अनुभव लेकर जाते हैं, जिससे उनका आपके ब्रांड से जुड़ाव और भरोसा बढ़ता है।

3. डाटा विश्लेषण (डेटा एनालिटिक्स)

तीसरा पहिया आपके रथ का दिशानिर्देशक (नेविगेशनल कंपास) या आपकी कार का जीपीएस (GPS) है, जो इसे ग्राहकों के व्यवहार की इस बड़ी सी दुनिया में रास्ता दिखाने का काम करता है। आज के डिजिटल युग में ग्राहकों के व्यवहार और उनकी पसंद को समझना बेहद ज़रूरी हो गया है। बिक्री डेटा, ग्राहक विवरण, और अन्य संबंधित जानकारी का विश्लेषण करके, रिटेल व्यापारी अपने इन्वेंट्री, मार्केटिंग योजनाओं, और कामकाज से जुड़े सही फैसले ले सकते हैं, ताकि आपका स्टोर आपके ग्राहकों के लिए हमेशा आकर्षक और ज़रूरी बना रहे।

4. प्रभावी संवाद (कम्युनिकेशन)

चौथा और आखिरी पहिया आपके रथ का बाहरी दुनिया से जुड़ाव दर्शाता है। अपने स्टाफ के साथ अंदरूनी तौर पर और ग्राहकों और विक्रेताओं के साथ बाहर के स्तर पर, स्पष्ट और लगातार संवाद बनाए रखना विश्वास और वफादारी बढ़ाने के लिए बहुत ज़रूरी है। अच्छा संवाद एक ऐसा पुल बनाता है जो पारदर्शिता और विश्वास पर

आधारित होता है, और इससे ग्राहक आपके साथ जुड़ते हैं और आपकी टीम प्रेरित रहती है। याद रखें, जैसे एक दोस्त की तरह पेश आने वाला मदद की पेशकश करता है, वैसे ही एक साफ़-सुथरी कॉल टू एक्शन से ग्राहक समझ जाते हैं कि आप उनकी कैसे मदद कर सकते हैं।

ये चार पहिए आपस में जुड़े हुए हैं और एक मजबूत रिटेल व्यवसाय की नींव रखते हैं। अगर आप इन सभी को सही से समझेंगे और इनके बीच तालमेल बनाए रखेंगे, तो आपका बिज़नेस भीड़ में अलग नज़र आएगा और तेजी से आगे बढ़ेगा।

आने वाले अध्यायों में, हम इन चार पहियों में से हर एक पर विस्तार से चर्चा करेंगे और आपसे ऐसी बेहतरीन योजनाएं और असली उदाहरण साझा करेंगे, जिन्हें आप अपने व्यवसाय में प्रभावी ढंग से लागू कर सकें।

अपने अनुभव का इस्तेमाल करके, यहाँ दिए गए विचारों को अपने काम में शामिल करें, और हमेशा सुधार की कोशिश करते रहें। इस तरह, आप एक ऐसा रिटेल अनुभव बना सकते हैं जो ग्राहकों को आपके ब्रांड से जोड़ता है। इससे वे फिर से आपके स्टोर पर "लौटेंगे" और आपके प्रोडक्ट्स को खरीदने के लिए उत्सुक रहेंगे।

संभावनाएँ अनंत हैं! चलिए इस यात्रा को एक साथ शुरू करते हैं और आपके स्टोर की असली क्षमता को खोजते हैं।

⦸⦸⦸⦸

अध्याय 2

अपने ग्राहकों को मोहित करें

रिटेल में 5 इंद्रियों (Senses) का महत्व

इंद्रियों का उपहार

जब भगवान ने इंसान को बनाया, तो उन्होंने हमें 5 खास उपहार दिए -

पाँच इंद्रियाँ: देखने की, सुनने की, सूंघने की, छूने की और स्वाद चखने की।

फिर भगवान ने कहा, "जाओ, इन उपहारों के साथ दुनिया को जानो और समझो।"

तब से इंसान इन पाँच इंद्रियों का सहारा लेकर दुनिया को समझ रहा है और इन्हीं के सहारे अपनी ज़िंदगी जी रहा है।

क्या आपने कभी किसी दुकान के पास से गुजरते हुए उसकी सजावट देखकर तुरंत अंदर जाने का मन बनाया है? या फिर किसी दुकान में घुसकर ऐसा महसूस किया हो कि वहां का माहौल आपको और चीज़ें देखने के लिए रुकने पर मजबूर कर रहा हो? यही वो छोटे-छोटे लेकिन असरदार तरीके हैं, जो दृश्य प्रस्तुति (विजुअल मर्चेंडाइजिंग) के कारण होते हैं।

दृश्य प्रस्तुति (विजुअल मर्चेंडाइजिंग) क्या है?

दृश्य प्रस्तुति (विजुअल मर्चेंडाइजिंग) एक ऐसी कला है, जो एक आकर्षक और प्रभावशाली रिटेल अनुभव बनाने में सहायक होती है।

यह आपके प्रोडक्ट्स को इस तरीके से दिखाने का तरीका है कि ग्राहक आकर्षित होने और उन्हें देखने में रुचि लें, आपकी ब्रांड की कहानी समझें, और इससे आपकी बिक्री बढ़े।

अगर आपकी दुकान खूबसूरती से सजाई गई हो, तो ग्राहक आसानी से आपकी चीजों की ओर खिंचेंगे और आपके पास आकर खरीदारी करना चाहेंगे।

पाँच इंद्रियों की यादें ग्राहकों की खरीदारी में बहुत महत्वपूर्ण होती हैं। ये यादें उनके सोचने और खरीदने के फैसले पर असर डालती हैं। पाँचों इंद्रियों से प्रभावित सभी अनुभव स्मृति में संग्रहित हो जाते हैं, जो उनके निर्णय लेने पर प्रभाव डालते हैं। इसलिए, इन इंद्रियों का सही इस्तेमाल करना बहुत ज़रूरी है ताकि ग्राहक आपके प्रोडक्ट्स की ओर आकर्षित हों।

इस अध्याय में, हम पाँच इंद्रियों के बारे में बात करेंगे, जो हमारी खरीदारी के तरीके को प्रभावित करती हैं और कैसे आप उसे अपने लाभ के लिए उपयोग कर सकते हैं।

पाँच इंद्रियों का खेल

हर इंद्रिया को एक पहेली के टुकड़े की तरह समझें। जब ये सभी टुकड़े मिलकर काम करते हैं, तो ग्राहकों को एक अच्छा अनुभव मिलता है और एक अच्छे अनुभव की स्मृति से ग्राहक आपके पास बार-बार आएगा।

आइए हम हर इंद्रिया के बारे में बात करें और जानें कि आप इसे अपनी दुकान में कैसे इस्तेमाल कर सकते हैं:

1. **दृष्टि (Sight):** "सुंदरता देखने वाले की आँखों में होती है" यह एक प्रसिद्ध कहावत है। यह हमारे खरीदारी के अनुभव का उदाहरण देता है। जब ग्राहक दुकान में आते हैं, तो "दृष्टि" सबसे पहले काम करती है। यह तय करती है कि क्या ग्राहक दुकान में आएगा या नहीं। यह पहला प्रभाव बहुत ज़रूरी होता है। अगर आपका स्टोर अच्छा और आकर्षक दिखता है, तो ग्राहक ज़रूर रुचि लेंगे।

    - **विंडो डिस्प्ले (Window displays):** आपकी स्टोर की विंडो आपके लिए 3 सेकंड का विज्ञापन है। याद रखें, आपके पास केवल कुछ सेकंड हैं ग्राहक का ध्यान खींचने के लिए, इसलिए इसे यादगार और खास बनाएं। ऐसे आकर्षक डिस्प्ले बनाएं जो आपके प्रोडक्ट्स और ब्रांड की कहानी को अच्छे से दिखाएं। चटक रंगों, अच्छे लाइटिंग, और रोचक कहानियों का इस्तेमाल करें। आपकी विंडो आपके स्टोर का पहला और सबसे महत्वपूर्ण विज्ञापन है, इसलिए इसे शानदार बनाएं!

    - **स्टोर लेआउट (Store layout):** अपने स्टोर का लेआउट ऐसा बनाएं कि ग्राहक आसानी से इधर-उधर घूम सकें और आपके सामान को देख सकें। सिर्फ सामान दिखाना ही काफी नहीं है; कोशिश करें कि आपके दिखाने के तरीके में एक कहानी की झलक मिले। उदाहरण के लिए, मैनिकिन का उपयोग करें ताकि कपड़ों के साथ-साथ पूरे आउटफिट्स को भी अच्छे से दिखाया जा सके। इससे ग्राहक बेहतर तरीके से समझ पाएंगे कि उन्हें क्या पसंद आ सकता है।

- **सुंदरता (Aesthetics):** अपने स्टोर के रंग, रोशनी और सामान की सजावट पर ध्यान दें। आपके प्रोडक्ट और स्टाफ कैसे दिखते हैं, यह भी महत्वपूर्ण है। इससे ग्राहकों को आपकी दुकान पसंद आएगी और वे खुश होकर खरीदारी करेंगे।

उदाहरण के लिए, आप अपने स्टोर में चमकीले या वार्म रंगों का इस्तेमाल कर सकते हैं ताकि ग्राहक का ध्यान खींचा जा सके और उत्साह पैदा किया जा सके। आप महत्वपूर्ण जानकारी या विशेषताओं को दिखाने के लिए कंट्रास्ट का भी इस्तेमाल कर सकते हैं। इसके अलावा, आप ऐसी आकृतियाँ (shapes) चुन सकते हैं जो आपके ब्रांड की पहचान और प्रोडक्ट की श्रेणी को दर्शाती हैं। जैसे, अगर आप नरम (softness) और नारीत्व (femininity) दिखाना चाहते हैं, तो घुमावदार (curved) आकृतियाँ चुनें। अगर आप ताकत (strength) और पुरुषत्व (masculinity) को दिखाना चाहते हैं, तो कोणीय (angular) आकृतियाँ चुनें।

2. **सुगंध (Smell):** स्टोर में हल्की-फुलकी खुशबू एक पॉजिटिव माहौल बना सकती है और ग्राहकों की भावनाओं को प्रभावित कर सकती है। एक मनमोहक खुशबू, जैसे ताजा-ताजा बनी हुई कॉफी में से आती है, इससे उनके मन में एक अच्छा इम्प्रेशन जाता है, जिससे वह खरीदी करके ही जाते हैं।

    - **ऐसे इत्र (scents) चुनें जो आपके ब्रांड और प्रोडक्ट्स के साथ मेल खाते हों।** उदाहरण के लिए, दुकान के प्रवेश द्वार के साथ लगे आपके खूबसूरत काउंटर पर एक अच्छी खुशबू देने वाला फ्रेग्रेन्स/परफ्यूम रखा हो, जिसकी ताज़गी भरी खुशबू आपके ग्राहकों का दिल जीत ले।

- **तेज खुशबू से बचें क्योंकि यह कभी-कभी अप्रिय या बुरी लग सकती है।** दुकान, स्टाफ, कपड़े और फर्नीचर से आने वाली खुशबू ग्राहक पर गहरा प्रभाव डालती है। अगर किसी कर्मचारी के मुंह से पान मसाला या सिगरेट की बुरी बदबू आ रही हो, तो यह ग्राहक को नाखुश कर सकती है। इसके अलावा, अगर दुकान में कहीं गंदगी हो या बदबू आ रही हो, जैसे गंदे टॉयलेट या साफ-सफाई की कमी, तो उसका भी ध्यान रखें। अच्छी खुशबू और साफ-सफाई ग्राहकों को आकर्षित करने में मदद करती है।

3. **ध्वनि (Sound):** स्टोर में होने वाली आवाज़ें खरीदारी के दौरान बहुत महत्वपूर्ण होती हैं। जैसे, स्टोर में जो बैकग्राउंड म्यूज़िक चलता है, स्टाफ आपस में जो बातचीत करते हैं, या ग्राहकों के साथ उनकी जो बातें होती हैं - ये सब बातें आपके लिए बहुत ज़रूरी और ध्यान देने वाली हैं। सही म्यूज़िक आपके दुकान का माहौल बना सकता है और ग्राहकों का मूड सेट कर सकता है।

   - **तेज़ और खुशहाल म्यूज़िक (upbeat music) सुनने से ग्राहक अधिक उत्साहित होते हैं** और वे स्टोर में घूमने के लिए प्रेरित होते हैं। वहीं दूसरी तरफ, शांत म्यूज़िक सुनने से वे रुकने और चीज़ों को और अच्छी तरह देखने के लिए प्रोत्साहित होते हैं।
   - **बैकग्राउंड म्यूज़िक चुनते समय, ध्यान रखें कि आपके ग्राहकों की उम्र और पसंद क्या हैं।** इससे आप सही म्यूज़िक चुन सकते हैं जो ग्राहकों को पसंद आए।

4. **स्पर्श (Touch):**

   "कई बार हाथ वो रहस्य सुलझा देते हैं, जो दिमाग समझ तक नहीं पाता" - कार्ल जंग।

जब ग्राहक आपके प्रोडक्ट को छूते हैं, तो इससे उनके और आपके प्रोडक्ट के बीच एक खास रिश्ता बनता है। अगर ग्राहक किसी गंदे या चिपचिपे सामान को छूते हैं (जैसे किसी रेस्टोरेंट में), तो उन्हें गंदगी और घिन महसूस होती है। इसके उल्टा, जब वे साफ बर्तन, कटलरी, और क्रिस्प टेबल क्लॉथ को छूते हैं, तो उनका अनुभव बेहतर होता है। कपड़े, मेज, फर्नीचर, और बैठने की जगह का स्पर्श सभी मिलकर ग्राहकों के मन में खरीदी करने की भावना पैदा करता है।

- **प्रोडक्ट्स को इस तरह से रखें कि ग्राहक उन्हें आसानी से छू सकें और महसूस कर सकें।** यह खासकर कपड़ों और घरेलू सामान के लिए बहुत जरूरी है।
- **यह सुनिश्चित करें कि आपके प्रोडक्ट और शेल्व साफ और अच्छे हालत में हों,** ताकि ग्राहक पर अच्छा प्रभाव पड़े। एक बात का ध्यान रखें कि टेबल और डिस्प्ले के कोने नुकीले या टूटे हुए न हों, क्योंकि इससे ग्राहक या उनके बच्चों को चोट लग सकती है।
- **ग्राहकों को अपने प्रोडक्ट्स को छूने और उसके बारे में जानने के लिए कहें।**

5. **स्वाद (Taste):** यह मुख्य रूप से खाने और पेय पदार्थ इंडस्ट्री में उपयोग होता है। जब आप अपने ग्राहकों को कुछ नमूने (सैंपल) देते हैं, तो इससे उनके मन में आपके ब्रांड के प्रति अच्छा विचार बनता है। इससे ग्राहक बार-बार आते रहते हैं।

   - यह केवल खाने और पेय की दुकानों तक सीमित नहीं होना चाहिए।

- हर रिटेल स्टोर अपने ग्राहकों के स्वाद को आकर्षित कर सकता है। उदाहरण के लिए, आप उन्हें स्टोर में कैंडी या चॉकलेट दे सकते हैं, या उनके शॉपिंग बैग में उपहार रखकर उन्हें आश्चर्यचकित कर सकते हैं।
- आप मौसम के अनुसार उन्हें गर्म या ठंडे पेय, जैसे चाय, कॉफी, आइस्ड टी, स्पार्कलिंग पानी, जूस, और नींबू पानी भी ऑफर कर सकते हैं।

इंद्रियों से आगे

ये 5 इंद्रियाँ खरीदारी में महत्वपूर्ण होती हैं। लेकिन ध्यान रखें, दृश्य प्रस्तुति **(विज़ुअल मर्चेंडाइजिंग)** का मतलब है ग्राहकों के लिए एक अच्छा और मजेदार अनुभव बनाना। यानी आपको अपने स्टोर को इस तरह सजाना चाहिए कि ग्राहक खुश होकर खरीदारी करें और स्टोर पर समय बिताएँ।

यहाँ कुछ प्रो टिप्स हैं जो आपके विज़ुअल मर्चेंडाइजिंग को अगले स्तर पर ले जाने में मदद करेंगे और आपके रिटेल गेम को बेहतर बनाएँगे:

- **कहानी बताना (Storytelling):** अपने प्रोडक्ट्स को इस तरह से दिखाएं कि वे आपके ब्रांड और उसकी जीवनशैली की कहानी बताएं। इससे ग्राहक आपके प्रोडक्ट्स से और जुड़ाव महसूस करेंगे।
- **एक समान (Consistency):** सुनिश्चित करें कि विंडो डिस्प्ले से लेकर फिटिंग रूम तक हर जगह आपकी विज़ुअल मर्चेंडाइजिंग एक जैसी हो।
- **नियमित अपडेट (Regular updates):** अपने डिस्प्ले को समय-समय पर फ्रेश और अपडेट करते रहें। इससे मौसम में होने वाले बदलाव के हिसाब से आने वाले नए-नए प्रोडक्ट्स की जानकारी दिखाने में मदद मिलेगी।

- **ग्राहक अनुभव पर ध्यान दें (Focus on customer experience):** ध्यान दें कि विजुअल मर्चेंडाइजिंग ग्राहकों को कैसे महसूस कराता है। क्या उन्हें अच्छा लग रहा है? क्या वे आपके स्टोर में आरामदायक महसूस कर रहे हैं? इस पर ध्यान देकर अपने स्टोर को उन्हीं के मुताबिक डिज़ाइन करें।
- **रचनात्मक बनें और प्रयोग करते रहें (Be creative and experiment):** नए तरीकों को आजमाने से न डरें और अपने कम्फर्ट ज़ोन से बाहर निकलें और देखें कि क्या नया और अलग कर सकते हैं।
- **परिणामों पर नजर रखें (Track and analyze results):** देखें कि क्या काम कर रहा है और क्या नहीं, और डेटा और ग्राहक फीडबैक के आधार पर अपनी नीतियों में बदलाव करें।

5 इंद्रियों की ताकत का सही इस्तेमाल करके और सामान्य चीज़ों से आगे बढ़कर, आप अपने ग्राहकों के लिए एक ऐसा आकर्षक रिटेल अनुभव बना सकते हैं जो उन्हें पसंद आएगा। इससे ग्राहक आपके साथ सकारात्मक बातचीत करेंगे और आपके साथ लंबे समय तक जुड़े रहेंगे, जिससे आपकी सेल्स में लगातार बढ़ोतरी होगी।

याद रखें, हर इंद्री की अपनी एक खास भूमिका होती है। यह ग्राहकों के सोचने का तरीका बदलती है, उनकी खरीदारी के फैसलों को प्रभावित करती है, और आपके ब्रांड के प्रति उनकी लॉयल्टी बनाती है।

अपने सेल्स के तरीके में कहानी बताने की ताकत को शामिल करें

आकर्षक डिस्प्ले और सही जगह पर प्रोडक्ट्स रखना बहुत ज़रूरी है, लेकिन याद रखें कि एक सफल रिटेल अनुभव सिर्फ दिखावट पर आधारित नहीं होता। आपको अपने ग्राहकों से सही तरीके से जुड़ने के

लिए एक कहानी बतानी चाहिए — कहानी आपके ब्रांड के बारे में, आपके प्रोडक्ट्स के बारे में और उस अनुभव के बारे में, जो आप अपने ग्राहकों को देना चाहते हैं।

याद रखें, एक सफल रिटेल बिज़नेस के लिए केवल आकर्षक डिस्प्ले ही काफी नहीं है। इसके लिए एक अच्छी तरह से प्रशिक्षित और जोशीली टीम की भी जरूरत होती है, जो आपकी सोच और विचार को वास्तविकता में बदल सके।

अगले अध्याय में, हम कहानी बताने की कला के बारे में और विस्तार से बात करेंगे। हम जानेंगे कि कैसे आप अपने स्टाफ की ट्रेनिंग को एक ज़बरदस्त टूल की तरह इस्तेमाल कर सकते हैं ताकि आपकी बताई हुई कहानी सच में ज़िंदा हो सके।

इसके साथ ही, हम यह भी चर्चा करेंगे कि आप अपनी टीम को कैसे सशक्त बना सकते हैं ताकि वे आपके ब्रांड के लिए ब्रांड एंबेसडर बन सकें। इससे वे ग्राहकों के साथ अच्छे से जुड़ सकेंगे और हर बातचीत में आपके ब्रांड की कहानी को बुन सकेंगे।

अध्याय 3

अनदेखी क्षमता

अपने स्टाफ को सशक्त बनाकर रिटेल सफलता पाएं

कहानी बताने की ताकत

सच कहूं, जब मैं रिटेल सफलता पर लिखी अपनी इस किताब में 'कहानी बताने/कहने' की बात करता हूँ, तो आप में से कुछ लोग सोच सकते हैं - आखिर ऐसा क्यों?

असल में, अगर रिटेल व्यापार में कहानी को एक माध्यम की तरह उपयोग किया जाए तो ये बिक्री बढ़ाने का सबसे ताकतवर तरीका हो सकता है।

तो, आखिर ये "कहानी बताने" से मेरा मतलब क्या है?

क्या आपने कभी अपने रिटेल बिज़नेस के बारे में इसको लेकर विचार किया है?

कहानी बताना/कहना क्या है?

कहानी बताना एक कला है, जिसके ज़रिए आप अपने ग्राहकों के साथ भावनात्मक जुड़ाव बनाते हैं। यह जुड़ाव उनके मन पर ऐसा असर डालता है जिससे कि वे दिल से खरीदारी करते हैं और अपने मनपसंद चीज़ें चुनते हैं।

भावनाएं ग्राहकों के व्यवहार को प्रेरित करने वाली एक शक्तिशाली ताकत होती है। ये भावनाएं ग्राहकों को आपके ब्रांड और उत्पादों को कैसे देखते हैं, मूल्यांकन करते हैं और याद करते हैं, को प्रभावित करती हैं।

यह एक साबित सत्य है कि लोग केवल उत्पाद नहीं खरीदते हैं, वे भावनाएं खरीदते हैं।

भावनाओं को जगाने के लिए, आपको एक ऐसी कहानी बनानी होगी जो आपके ब्रांड या प्रोडक्ट्स को ग्राहकों की ज़रूरतों, मूल्यों और महत्वाकांक्षाओं से जोड़ सके। उदाहरण के लिए, आप ऐसी कहानियों का उपयोग कर सकते हैं जो प्रेम, परिवार, साहसिक यात्रा, या सफलता जैसी सामान्य भावनाओं को छूती हों, या फिर ऐसी कहानियां जो विशिष्ट ग्राहक वर्गों या संदर्भों जैसे मिलेनियल्स, माताओं या यात्रियों से संबंधित हों।

जैसा कि मैंने पहले भी बताया था, स्मृति, ग्राहक व्यवहार में एक महत्वपूर्ण भूमिका निभाती है, क्योंकि यह तय करती है कि ग्राहक आपके ब्रांड और प्रोडक्ट्स को कैसे याद करते हैं और पहचानते हैं जब वे खरीदारी करने के लिए तैयार होते हैं।

स्मृति इस बात से प्रभावित होती है कि ग्राहक अपने दिमाग में जानकारी कैसे एन्कोड (संकलित) और स्टोर करते हैं, जो इस बात पर निर्भर करता है कि ग्राहक हमारे मार्केटिंग प्रयासों के संपर्क में कितनी बार और कितने महत्वपूर्ण तरीके से आते हैं।

मानव होने के नाते, हम बोले गए शब्दों की तुलना में कहानियों और दृश्यों को अधिक याद रखते हैं। इसलिए, एक प्रभावशाली कहानी बनाना जरूरी हो जाता है जो ग्राहक की स्मृति पर एक स्थायी छाप छोड़ सके।

"मार्केटिंग अब केवल उस चीज़ के बारे में नहीं है जो आप बेचते हैं, बल्कि उन कहानियों के बारे में है जो आप सुनाते हैं।"

– सेथ गोडिन

अपने रिटेल व्यवसाय में कहानी बताने जैसी प्रक्रिया शुरू करने के लिए, सबसे पहले आपको यह पहचानना होगा कि एक रिटेलर के रूप में आपकी कहानी क्या है। इसके साथ ही, आपको निम्नलिखित सवाल पूछने चाहिए और उनके जवाब देने चाहिए:

- आप क्या संदेश देना चाहते हैं?
- आपकी विरासत क्या है?
- आप किन कारणों में विश्वास करते हैं और उनका समर्थन करते हैं?
- क्या आपके प्रोडक्ट्स में कुछ खास है?
- क्या आपकी कोई नैतिक या स्थिरता संबंधी मिशन है?
- क्या आपके ग्राहक आपके प्रोडक्ट्स का इस्तेमाल करके कुछ खास कर रहे हैं या कुछ हासिल कर रहे हैं?
- क्या आपके ग्राहकों के लिए सेल्फी लेने के लिए कोई "सेल्फी वॉल" है?
- आप ग्राहकों को क्या अतिरिक्त सेवाएं या अनुभव प्रदान करते हैं?
- क्या आपके व्यवसाय के पीछे कोई लंबा/दिलचस्प इतिहास है?

अब जब आप अपने ब्रांड या प्रोडक्ट्स के आसपास एक कहानी बनाने के लिए दिशा-निर्देशों के बारे में जानते हैं, तो आपको उन गलतियों के बारे में भी जानने की जरूरत है, जो कहानी बताने के दौरान बिलकुल ही नहीं करनी चाहिए:

- लाभ के लिए झूठ बोलना
- भावनाओं का गलत इस्तेमाल करना

- ग्राहकों को धोखा देने के लिए अपनी दुकान की क्षमता को बढ़ा-चढ़ाकर पेश करना
- अपनी दुकान की बड़ाई में डींगे हांकना (चाहे वो झूठ ही क्यों न हो), मूल रूप से ऐसा कुछ कहना जो आप पूरा नहीं कर सकते।

एक बार जब आप कहानी कहने की शक्ति को समझ लेते हैं और कहानियां बनाना शुरू कर देते हैं, तो अगला तार्किक प्रश्न यह है कि इन कहानियों को कैसे पहुंचाया जाएगा। खैर, विज्ञापनों, ब्रोशरों, वेबसाइटों, सोशल मीडिया आदि जैसे मार्केटिंग सामग्री के अलावा, इन कहानियों को पहुंचाने वाला सबसे महत्वपूर्ण और प्रभावशाली संसाधन आपका मानव संसाधन है; आपका स्टाफ।

लेन-देन से परे: स्टाफ प्रशिक्षण का महत्व

रिटेलिंग केवल बिक्री के आंकड़े बढ़ाने के बारे में नहीं है; यह ग्राहकों के लिए यादगार अनुभव बनाने के बारे में है। लेकिन इस लक्ष्य को हासिल करने के लिए एक महत्वपूर्ण पहलू है, जो अक्सर अनदेखा किया जाता है**: स्टाफ प्रशिक्षण।**

वास्तविक रूप से सफल होने के लिए, रिटेलर्स को अपने स्टाफ को ग्राहक अनुभव के आर्किटेक्ट बनने के लिए सशक्त करना होगा। लेन-देन की बिक्री से अनुभवात्मक बिक्री की ओर यह बदलाव ही सफल रिटेलर्स को अलग करता है।

रिटेल की दुनिया में, आपके स्टाफ फ्रंटलाइन हीरो होते हैं, जो सीधे ग्राहक के अनुभव को प्रभावित करते हैं और अंत में आपकी बिक्री पर असर डालते हैं।

यहां बताया गया है कि क्यों स्टाफ प्रशिक्षण ही वह चिंगारी है जो रिटेल सफलता को प्रज्वलित करती है:

- **आपकी टीम को सशक्त बनाता है:** ट्रेनिंग आपके स्टाफ को वह ज्ञान और कौशल देती है जिसकी उन्हें ग्राहक के साथ बातचीत करने, सवालों का सही जवाब देने, आपत्तियों को कुशलतापूर्वक संभालने और विभिन्न परिस्थितियों में सही तरीके से पेश आने की जरूरत होती है। यह उन्हें अपनी भूमिकाओं का जिम्मा लेने और टीम की सफलता में अधिक योगदान देने के लिए सशक्त बनाता है।
- **ग्राहक अनुभव को बेहतर बनाता है:** स्टाफ ट्रेनिंग का मुख्य उद्देश्य उनकी खुशी है। एक खुश और संतुष्ट टीम ही खुश और संतुष्ट ग्राहकों की कुंजी है। अच्छी तरह से प्रशिक्षित स्टाफ ग्राहकों की जरूरतों का अनुमान लगा सकते हैं, व्यक्तिगत सेवा प्रदान कर सकते हैं, और अच्छे संबंध बना सकते हैं। इससे आपके ग्राहकों के लिए शॉपिंग का अनुभव और भी मजेदार और संतोषजनक हो जाता है, जो उनकी लॉयल्टी बढ़ाता है और उन्हें दोबारा आने के लिए प्रोत्साहित करता है।
- **बिक्री और लाभ में वृद्धि करता है:** कर्मचारी विकास में निवेश उनके विकास और कल्याण के प्रति आपकी प्रतिबद्धता दिखाता है। इससे एक सकारात्मक काम का माहौल बनता है और स्टाफ के छोड़कर जाने की संख्या कम रहती है, जिससे एक स्थिर और प्रेरित कामकाजी टीम बनी रहती है। एक अध्ययन से पता चला है कि जिन व्यवसायों के पास अच्छी तरह से प्रशिक्षित कर्मचारी होते हैं, वहां सेल्स बढ़ती रहती है और ग्राहक संतोष भी बेहतर होता है, जो उनकी आय में बढ़ोतरी करता है।

मूल बातों से परे: प्रमुख ट्रेनिंग क्षेत्र

जहाँ प्रोडक्ट की जानकारी कर्मचारियों के प्रशिक्षण का एक महत्वपूर्ण हिस्सा है, वहीं एक व्यापक प्रशिक्षण कार्यक्रम में विभिन्न मुख्य पहलुओं को शामिल किया जाना चाहिए, जैसे कि:

- **प्रोडक्ट विशेषज्ञता:** प्रशिक्षण से आपके कर्मचारियों को वह जानकारी और कौशल मिलता है, जिसकी उन्हें ग्राहकों के साथ बातचीत, आपत्तियों और किसी भी स्थिति को आसानी से संभालने के लिए जरूरत होती है। इससे उन्हें अपने काम का जिम्मा लेने में मदद मिलती है, वे ग्राहकों के सवालों का आत्मविश्वास से जवाब दे सकते हैं और उन्हें सही खरीदारी करने में मार्गदर्शन कर सकते हैं।
- **ग्राहक सेवा में बेहतरी:** अच्छी ग्राहक सेवा की आदत डालें। इसमें ध्यान से सुनना, अच्छे संबंध बनाना, साफ-सुथरी बात करना, और जब कोई समस्या हो, तो उसे सही तरीके से हल करना शामिल है। ये सब बातें हर ग्राहक को अच्छी सेवा देने के लिए जरूरी हैं।
- **कंपनी की नीतियाँ और प्रक्रियाएँ:** सुनिश्चित करें कि आपके कर्मचारी ग्राहक बातचीत, नकदी संचालन और स्टोर संचालन से संबंधित कंपनी नीतियों, प्रक्रियाओं और अपेक्षाओं को समझते हैं।

अपने कर्मचारियों के प्रशिक्षण में निवेश करना कोई खर्च नहीं है, यह आपके व्यवसाय के भविष्य के लिए निवेश है। जब आप उन्हें जरूरी कौशल, उपकरण और ज्ञान से सुसज्जित करते हैं तो आप एक ऐसी टीम बनाते हैं जो बिक्री में सुधार कर सकती है और ग्राहकों को बेहतरीन अनुभव दे सकती है।

याद रखें, खुश और सशक्त कर्मचारी ग्राहकों के लिए यादगार खरीददारी का अनुभव बनाते हैं, जिससे आपका व्यवसाय सफल और संपन्न बनता है।

अपने कर्मचारियों को यह समझाना भी जरूरी है कि वे ग्राहकों की खरीदारी के सफर में क्या भूमिका निभाते हैं।

हमें, रिटेलर्स के रूप में, यह सुनिश्चित करना चाहिए कि हमारी दुकान में हमारा मुख्य एवं एकमात्र उद्देश्य सेवा देना है, न कि बेचना। बिक्री अच्छी सेवा के पीछे खुद-ब-खुद चली आती है। स्टाफ को ग्राहक आपत्तियों को संभालने की तकनीक अच्छी तरह से समझनी चाहिए, ताकि वे ग्राहकों को अपने खरीदारी के किसी भी तरह के फैसले लेने में मदद कर सकें।

हालाँकि, कार्रवाई के बिना ज्ञान एक खूबसूरत स्टोर विंडो के समान है, जिसमें आकर्षक प्रदर्शन नहीं है। अपने रिटेल क्षेत्र में वास्तव में बदलाव लाने के लिए, आपको अपने ग्राहकों से ज़मीनी स्तर पर जुड़ना होगा, उनकी ज़रूरतों को समझना होगा और उन्हें प्रभावी तरीके से संबोधित करना होगा।

अगले अध्याय में, हम डेटा विश्लेषण की दुनिया में उतरेंगे। हम जानेंगे कि डेटा का सही उपयोग कैसे करें ताकि आप अपने ग्राहकों को अच्छे से समझ सकें, उनके अनुभव को बेहतर बना सकें, अपनी मार्केटिंग रणनीतियों को सुधार सकें, और उनके फीडबैक का विश्लेषण कर सकें। इससे आप अपने व्यवसाय को लंबे समय तक सफल बनाए रखने में मदद कर सकेंगे।

डेटा को उपयोगी जानकारी में बदलकर, आप अपने ट्रेनिंग कार्यक्रमों को सुधार सकते हैं, सुधार की ज़रूरत वाले क्षेत्रों की पहचान कर सकते हैं, और यह सुनिश्चित कर सकते हैं कि आपकी टीम आपके रिटेल के सफर का मुख्य हिस्सा बनी रहे।

अध्याय 4

डेटा की भाषा
एक रिटेलर की प्रेम कहानी

रिटेल की दुनिया में, डेटा केवल एक स्प्रेडशीट पर पड़े नंबर नहीं होते; यह आपके बिज़नेस की जान है। जैसे शरीर का नर्वस सिस्टम हर गतिविधि की जानकारी देता है, वैसे ही डेटा आपके कामकाज के हर हिस्से, जैसे सेल्स ट्रेंड्स और ग्राहक व्यवहार से लेकर स्टाफ की परफॉर्मेंस और स्टॉक मैनेजमेंट तक के बारे में महत्वपूर्ण जानकारी देता है। इसकी मदद से आप सही फैसले ले सकते हैं और सफलता हासिल कर सकते हैं।

डेटा विश्लेषण की ताकत का उपयोग

पहले रिटेलर डेटा की अहमियत को नहीं समझते थे और उनके लिए सिर्फ नकदी रजिस्टर और स्टॉक का हिसाब मायने रखता था।

लेकिन अब समय बदल गया है, और अब रिटेलर्स ने डेटा और उस डेटा से प्राप्त विश्लेषण के महत्व को समझना शुरू कर दिया है।

आज वो रिटेलर्स जो डेटा का सही इस्तेमाल करते हैं, इस क्षेत्र में दूसरों से हमेशा एक कदम आगे रहते हैं।

संख्याओं के भीतर छिपी जानकारी को समझकर, आप विभिन्न क्षेत्रों में सूझ-बूझ से निर्णय ले सकते हैं, जैसे:

- **स्टाफ अनुकूलन:** प्रत्येक सेल्सपर्सन या विभाग के बिक्री डेटा का विश्लेषण करें ताकि सुधार के मौके पहचाने जा सकें, विशेष ट्रेनिंग प्रोग्राम तैयार किए जा सकें और स्टाफिंग रणनीतियों को बेहतर बनाया जा सके।

- **स्मार्ट मर्चेंडाइजिंग:** डेटा-आधारित बिक्री जानकारी आपको ट्रेंड्स पहचानने, सही मूल्य निर्धारण रणनीतियों को अपनाने और मार्केटिंग को सही दिशा में ले जाने में मदद करती है। कैटेगरी-वाइज डेटा का विश्लेषण करें ताकि ग्राहक की पसंद को समझा जा सके और मर्चेंडाइज की बेहतर प्लानिंग की जा सके, जिससे सही समय पर सही जगह पर सही प्रोडक्ट्स उपलब्ध हों। इससे बिक्री में वृद्धि, मार्जिन में सुधार और अंततः मुनाफे में बढ़ोतरी होती है।

- **लागत नियंत्रण:** किराया, वेतन, बिजली और अन्य ऑपरेशनल खर्चों से जुड़े डेटा का विश्लेषण करें ताकि खर्च में बचत के मिलने वाले किसी भी मौके को पहचाना जा सके।

- **ग्राहक-केंद्रित मार्केटिंग:** ग्राहकों के डेटा का विश्लेषण करके आप उनके खरीदारी के तरीके, पसंद और जरूरतें समझें। इससे आप अपनी सेवाएं और ऑफर उनके हिसाब से बदल सकते हैं, बेहतर संवाद कर सकते हैं और अंततः मजबूत ग्राहक संबंध बना सकते हैं।

- **लाभ का विश्लेषण:** सेल्स डेटा, खरीद की लागत और अन्य प्रमुख परिचालन खर्चों का विश्लेषण करें, ताकि आप अपने लाभ के बारे में सही जानकारी प्राप्त कर सकें और जहाँ सुधर की जरूरत हो ऐसे क्षेत्रों को पहचान सकें। डेटा के आधार पर फैसले लेने से आप अपने खर्चों को कम कर सकते हैं और लाभ बढ़ा सकते हैं।

नंबर्स से आगे: सही प्रश्न पूछना

नंबर्स अकेले आपको वो सभी जानकारियाँ नहीं देते, जो बिज़नेस में सफलता के लिए ज़रूरी हैं। डेटा सोना है और आपको दिशा दिखा सकता है।

डेटा का प्रभावी उपयोग सही प्रश्न पूछने से शुरू होता है।

सोच में स्पष्टता होना महत्वपूर्ण है।

- आपके बिज़नेस के किन क्षेत्रों में सबसे अधिक ध्यान देने की आवश्यकता है?
- सटीक निर्णय लेने के लिए आपको कौन सी विशिष्ट जानकारी की आवश्यकता है?
- कौन से विशेष डेटा पॉइंट्स आपको सबसे मूल्यवान जानकारी देंगे?

याद रखें, **यह सिर्फ "क्या" हुआ, तक सीमित नहीं होता बल्कि "क्यों" और "कैसे" हुआ, और भविष्य में क्या हो सकता है, यह जानना भी जरूरी है।**

अक्सर, बिज़नेस केवल "क्या हुआ" का विश्लेषण करने में उलझे रहते हैं, जबकि "क्यों" और "कैसे" हुआ, यह समझना भी उतना ही जरूरी है।

यहीं **डेटा साइंस** काम आता है। बहुत सारा डेटा इकट्ठा किया जाता है और यह आसानी से उपलब्ध होता है, लेकिन असली समझ उसे उपयोगी जानकारी में बदलने में है। इन पहलुओं का विश्लेषण करके, आप डेटा का इस्तेमाल करके आने वाले ट्रेंड्स की भविष्यवाणी कर सकते हैं और अपनी रणनीतियों को बेहतर बना सकते हैं।

डेटा-आधारित निर्णय लेने और डेटा विश्लेषण की शक्ति का उपयोग करके, आप मूल्यवान जानकारी प्राप्त कर सकते हैं और तेजी

से बदलते इस रिटेल क्षेत्र में दूसरे दुकानदारों पर एक बड़ी एवं महत्वपूर्ण बढ़त हासिल कर सकते हैं।

आप अपने रिटेल बिज़नेस को एक डेटा-निरक्षर संचालन से एक डेटा-आधारित पावरहाउस में बदल सकते हैं, जो ऐसे सटीक निर्णय लेता है जो विकास और सफलता को बढ़ावा देते हैं।

डेटा और कम्युनिकेशन का मेल

डेटा विश्लेषण की मदद से आप अपने ग्राहकों, कर्मचारियों और व्यापार को बेहतर समझ सकते हैं। इससे आप उनकी पसंद और खरीदारी के तरीकों को जान सकते हैं। आंकड़ों के अंदर छिपी हुए जानकारी को समझकर, आप सही निर्णय ले सकते हैं, संचालन को बेहतर बना सकते हैं, और स्थायी विकास के लिए अपनी नीतियों में जरूरी सुधार ला सकते हैं।

अगले अध्याय में, हम डेटा से संवाद की कला की ओर चलेंगे। हम ऐसे आकर्षक संदेश बनाने के तरीकों पर चर्चा करेंगे जो सीधे आपके Targetted ग्राहकों से बात करते हैं। आप सीखेंगे कि कैसे डेटा की जानकारी का उपयोग करके Targetted मार्केटिंग अभियान बनाया जाता है, ग्राहक से बातचीत को व्यक्तिगत कैसे बनाया जाता है, और इन-स्टोर साइनेज को तैयार करके ग्राहकों की जरूरतों और इच्छाओं को कैसे पूरा किया जा सकता है। अध्याय के अंत तक आप डेटा के साथ प्रभावी संवाद को मिलाकर, आप अपने ग्राहकों को आकर्षित करने और स्थायी वृद्धि को बढ़ावा देने के लिए एक बेहतरीन योजना तैयार करना सीख सकेंगे।

अध्याय 5

रिटेल में संवाद
ग्राहकों और स्टाफ के साथ जुड़ना

अपने रिटेल स्टोर को एक व्यस्त बाजार के रूप में सोचें, जो ग्राहकों और कर्मचारियों से भरा हो। जहाँ प्रोडक्ट्स धीरे-धीरे से अपनी विषेशताओं के बारे में फुसफुसाते हैं, डिस्प्ले चुपचाप कहानियां सुनाते हैं, और संगीत माहौल सेट करता है।

लेकिन, अगर संचार स्पष्ट और प्रभावी नहीं है, तो यह दृश्य और ध्वनियों का संगम जल्दी ही अव्यवस्था में बदल सकता है, जिससे ग्राहक उलझन और निराशा का अनुभव कर सकते हैं।

"सी" शब्द का महत्व

रिटेल की दुनिया में, प्रभावी संचार **(Communication) केवल एक लक्ज़री नहीं है, बल्कि यह एक आवश्यकता है।** यह रिटेलर को ग्राहकों, कर्मचारियों और सप्लायर्स से जोड़ने वाला एक पुल है, जो एक सुगम और संतोषजनक अनुभव सुनिश्चित करता है।

इसमें प्रोडक्ट्स की जानकारी और साइनेज से लेकर स्टाफ इंटरैक्शन और ग्राहक सेवा तक सभी प्रकार की बातचीत शामिल होती है। जब संचार कमजोर होता है, तो आपके बिज़नेस की पूरी "सिम्फनी" प्रभावित हो सकती है।

रिटेल में संवाद के कई तरीके

रिटेल में प्रभावी संवाद केवल एकतरफा बात करने का तरीका नहीं है। यह दो लोगों के बीच एक सक्रिय बातचीत है। यह एक बहु-स्तरीय संगीत रचना है जिसमें अलग-अलग 'साधन' होते हैं।

- **ग्राहक संचार:** यह रिटेल अनुभव का केंद्र है। ग्राहकों का गर्मजोशी से स्वागत करना, सवालों का धैर्यपूर्वक जवाब देना और समस्याओं को जल्दी से हल करना—हर बातचीत ग्राहक लॉयल्टी और भविष्य में बार-बार उनको बुलाने के लिए माहौल बनाती है। स्पष्ट संवाद विश्वास पैदा करता है और ग्राहक संतोष सुनिश्चित करता है। उनकी आवश्यकताओं और चिंताओं को ध्यान से सुनकर, आप उन्हें प्रभावी तरीके से संबोधित कर सकते हैं और सकारात्मक रिश्ते बना सकते हैं।

- **स्टाफ संचार:** अपनी टीम के साथ स्पष्ट संवाद होना भी काफी महत्वपूर्ण है। सुनिश्चित करें कि सभी अपनी भूमिकाएं, कंपनी नीतियां और विज़न को समझते हों। नियमित बैठकें, ओपन कम्युनिकेशन चैनल और रचनात्मक फीडबैक एक सकारात्मक और उत्पादी कामकाजी माहौल को बढ़ावा देती हैं।

  उन्हें सही ढंग से सुनने, स्पष्ट बात करने और प्रोडक्ट्स से मिलने वाले सुविधाओं और लाभों को समझाने की ट्रेनिंग दें। उन्हें ग्राहकों से अच्छे संबंध बनाने और आत्मविश्वास से सवालों का उत्तर देने के लिए प्रेरित करें। जब जानकारी अच्छे से साझा होती है, तो कर्मचारी स्टाफ और व्यस्त महसूस करता है और वे आत्मविश्वास से ग्राहक के सवालों का जवाब दे सकते हैं, चिंताओं का समाधान कर सकते हैं, और अपने विचार साझा कर सकते हैं, जिससे कार्य वातावरण और भी सकारात्मक और फलदायी बनता है।

- **सप्लायर संचार:** यदि आपके प्रोडक्ट्स आपके स्टोर की आत्मा हैं, तो आपके सप्लायर आपके संचालन की रीढ़। एक मजबूत और स्थिर रीढ़ होना आपके व्यवसाय के लिए बहुत ज़रूरी है। सप्लायर्स के साथ मजबूत संबंध बनाने के लिए पारदर्शी और समय पर संचार की आवश्यकता होती है। अपनी ज़रूरतों को स्पष्टता से बताएं, डिलीवरी का ध्यान रखें, और हमेशा जुड़े रहें। इससे आपके संचालन सुचरे रूप से चलेगा और आपको सही समय पर प्रोडक्ट्स मिलते रहेंगे।
- **विज़ुअल संचार:** प्रोडक्ट्स की पैकेजिंग, साइनेज, विंडो डिस्प्ले और यहां तक कि आपके स्टोर का पूरा लेआउट सभी विज़ुअल संचार का हिस्सा हैं। इन्हें साफ, सरल और आकर्षक बनाएं ताकि ग्राहक आसानी से आपके प्रोडक्ट्स को समझ सकें और खरीदारी कर सकें।
- **लिखित संचार:** इसमें आपकी वेबसाइट पर पड़े प्रोडक्ट विवरण से लेकर प्रिंटेड रसीदें और मार्केटिंग सामग्री तक सब कुछ शामिल है। सुनिश्चित करें कि आपका लिखित संचार व्याकरणिक रूप से सही है, समझने में आसान है और आपकी ब्रांड आवाज को दर्शाता हो।

शब्दों से परे: संचार की कला में महारत हासिल करना

प्रभावी संचार केवल बोले गए शब्दों तक सीमित नही है यह उससे परे है। यहां कुछ प्रमुख पहलू हैं जिन पर विचार करने की आवश्यकता है:

- **सक्रिय रूप से सुनना:** जब आप अपनी टीम, विक्रेताओं और ग्राहकों से बातचीत करें, तो उनके बोलने और न बोलने वाले संकेतों पर ध्यान दें। इससे आपकी वास्तविक रुचि दिखती है और आप उनकी ज़रूरतों और चिंताओं को अच्छे से समझ पाते हैं। सवालों और फीडबैक का तुरंत और पेशेवर तरीके से जवाब दें।

- **स्पष्टता और संक्षिप्तता:** अपनी बात साफ और सीधे तौर पर कहें, ताकि हर कोई समझ सके। जटिल शब्दावली और तकनीकी शब्दों से बचें जिसे समझने में मुश्किल होती हो।
- **पॉजिटिव बॉडी लैंग्वेज:** आंखों में आंखें डालें, सही समय पर मुस्कुराएं, और ओपन बॉडी लैंग्वेज का इस्तेमाल करें ताकि आपमें आत्मविश्वास की कमी न लगे और आप ढीले न दिखें।
- **सहानुभूति:** अपने टीम के सदस्यों और ग्राहकों की स्थिति को समझने की कोशिश करें। इससे आपको उनकी जरूरतों को समझने में मदद मिलेगी और आप अपनी बातचीत को उनके अनुसार ढाल सकेंगे।

रिटेल सफलता के लिए संचार चैनल

- **नियमित टीम बैठकें:** लक्ष्यों, चुनौतियों और प्रतिक्रिया पर चर्चा करने के लिए नियमित टीम बैठकें आयोजित करें। ओपन कम्युनिकेशन को प्रोत्साहित करें और एक टीम के रूप में सफलताओं का जश्न मनाएं।
- **कार्य प्रदर्शन समीक्षा:** अपने कर्मचारियों के साथ नियमित कार्य प्रदर्शन समीक्षा करें ताकि उन्हें फीडबैक मिल सके, समस्याओं का समाधान किया जा सके, और विकास और सुधार के अवसर प्रदान किए जा सकें।
- **ग्राहक फीडबैक सर्वे:** ग्राहकों से सर्वेक्षण के माध्यम से फीडबैक इकट्ठा करें ताकि उनकी अनुभव को समझा जा सके और सुधार के लिए क्षेत्रों की पहचान की जा सके।

अपने ग्राहकों से फीडबैक सर्वे करके डेटा इकट्ठा करने के लिए आप कुछ ऐसे सवाल पूछ सकते हैं:

- आपकी सेवा करने और आपके अनुभव को बेहतर बनाने के लिए हम रिटेलर के रूप में क्या बेहतर कर सकते हैं?
- आपके लिए कौन सी संचार (Communication) विधि सबसे अच्छी है?
- आपको यहां क्या बार-बार खींच के लाता है?
- आपको हमारे बारे में क्या पसंद है?
- खरीदारी करते समय आपको कैसा महसूस होता है?
- आप हमसे और क्या अपेक्षा करते हैं?
- हम आपको और ज्यादा खरीदारी करने के लिए क्या कर सकते हैं?

जब आप ये सवाल सामान्य बातचीत के रूप में पूछते हैं, तो आपको ऐसे जवाब मिलेंगे, जो आपको ग्राहक-केंद्रित निर्णय लेने में मदद करेंगे।

एक चीज जिसका उपयोग संचार के किसी भी हिस्से के रूप में करने पर सख्त मनाही होनी चाहिए, फिर चाहे वो आप हों, आपकी टीम या आपके स्टोर से जुड़ा कोई भी व्यक्ति और वो है;

कभी भी बहस न करें

याद रखें, आप किसी ग्राहक को गलत साबित करके कभी भी उनकी सहानुभूति नहीं पा सकते। आपका लक्ष्य ग्राहक को एक सूचित निर्णय लेने में मदद करना है।

खुले और प्रभावी संवाद की संस्कृति को बढ़ावा देकर, आप अपने रिटेल स्पेस में एक अच्छा माहौल बना सकते हैं। इससे आपकी टीम मूल्यवान महसूस करेगी, आपके ग्राहक खुश होंगे, और आपका व्यवसाय सफल होगा।

याद रखें, प्रभावी संचार (Communication) केवल संदेश भेजने के बारे में नहीं है, यह आपके ग्राहकों के साथ एक जुड़ाव बनाने और एक मजबूत और लंबा संबंध बनाने के बारे में है।

अपने रिटेल सफर का संचालक बनकर, आप यह सुनिश्चित कर सकते हैं कि आपकी सिम्फनी गूंजती रहे, ग्राहकों को आकर्षित करती रहे और आपके व्यवसाय को नई ऊँचाइयों पर ले जाए।

अध्याय 6

प्रदर्शन
कुछ रोचक रिटेल केस स्टडीज़ का

यहां कुछ केस स्टडीज़ दी गई हैं जो भारतीय बाजार में रिटेल में महारत हासिल करने के विभिन्न पहलुओं, जैसे कि पांच इंद्रियों, डेटा एनालिटिक्स, स्टाफ ट्रेनिंग और रिटेल में प्रभावी संचार की ताकत को दर्शाती हैं।

ब्लैकबेरीज़ (Blackberrys) - बेहतर रिटेल अनुभव बनाने के लिए:

- इंद्रियों का जुड़ाव (Sensory Engagement)
- स्टाफ प्रशिक्षण
- डेटा विश्लेषण
- संचार

बैकग्राउंड

ब्लैकबेरीज़ (Blackberrys), जो 1991 में मोहन क्लॉथिंग कंपनी प्राइवेट लिमिटेड द्वारा स्थापित किया गया था, भारत के प्रमुख, पुरुष वस्त्र ब्रांडों में से एक बन गया है। यह प्रीमियम गुणवत्ता वाले फॉर्मल वियर, कैजुअल वियर और एक्सेसरीज़ के लिए जाना जाता है, जो आधुनिक भारतीय पुरुषों के लिए सोफिस्टिकेशन और स्टाइल पर जोर देता है।

यह केस स्टडी बताती है कि ब्लैकबेरीज़ (Blackberrys) कैसे पांच इंद्रियों, स्टाफ ट्रेनिंग, डेटा विश्लेषण और प्रभावी संचार का इस्तेमाल करके एक बेहतरीन रिटेल अनुभव बनाता है।

ब्लैकबेरीज़ (Blackberrys) ने इस दृष्टिकोण को किसी समस्या का हल नहीं माना, बल्कि यह उनकी सोच और संस्कृति का हिस्सा है। उन्हें सेवा और अनुभव पर ध्यान देने वाली रिटेल क्रांति का पहला उदाहरण माना जा सकता है।

ब्लैकबेरीज़ (Blackberrys) स्टोर्स में पांच इंद्रियों का इस्तेमाल

1. दृष्टि (Sight)

- **सुंदर स्टोर डिज़ाइन:** ब्लैकबेरीज़ (Blackberrys) स्टोर्स को आधुनिक और आकर्षक तरीके से बनाया गया है। इसमें साफ-सुथरे डिज़ाइन, अच्छी तरह से रोशन इंटीरियर और प्रोडक्ट्स को रणनीतिक तरीके से डिस्प्ले में लगाया जाता है, जो ब्रांड की उच्च गुणवत्ता और शान को दर्शाते हैं।
- **बारीकी पर ध्यान:** विज़ुअल मर्चेंडाइजिंग को बहुत ध्यान से तैयार किया गया है, जिसमें उनके कपड़ों की प्रीमियम गुणवत्ता और कारीगरी को उजागर करने पर जोर दिया गया है। सीज़नल कलेक्शंस को प्रमुख तौर पर प्रदर्शित किया जाता है, जिससे ग्राहक आकर्षित होते हैं और नए फैशन के बारे में जान पाते हैं।

2. ध्वनि (Sound)

- **एम्बिएंट म्यूजिक:** स्टोर्स में सॉफ्ट और आधुनिक संगीत बजाया जाता है, जो खरीदारी के अनुभव से मेल खाता है और इसे बेहतर बनता है। इन संगीतों का चुनाव ऐसा किया गया है कि यह एक शांत और आरामदायक माहौल बनाते है, जिससे ग्राहक आराम से खरीदारी कर सकें।

- **ब्रांड के अनुसार ध्वनि:** बैकग्राउंड में बजने वाला संगीत ब्लैकबेरीज़ (Blackberrys) की ब्रांड पहचान के साथ मेल खाता है, जो पूरे माहौल को बेहतर बनाता है और खरीदारी के अनुभव को और मजेदार बनाता है।

3. सुगंध (Smell)

- **हलकी खुशबू:** ब्लैकबेरीज़ (Blackberrys) अपने स्टोर्स में हल्की और खास खुशबू का इस्तेमाल करते हैं, जो एक सुखद और आकर्षक माहौल बनाती है। ये हलकी और ताज़ा खुशबू ब्रांड की शान और गुणवत्ता पर जोर देती है।
- **खुशबू की निरंतरता:** सभी स्टोर्स में एक जैसी ही खुशबू का लगातार इस्तेमाल करने से ग्राहकों के लिए एक परिचित और एकीकृत ब्रांड अनुभव बनता है, जिससे वे बार-बार लौटते हैं।

4. स्पर्श (Touch)

- **प्रोडक्ट इंटरेक्शन:** ग्राहकों को कपड़ों के फैब्रिक्स को छूने और महसूस करने के लिए प्रोत्साहित किया जाता है। यह स्पर्श अनुभव ब्लैकबेरीज़ (Blackberrys) के कपड़ों की गुणवत्ता और आराम को समझने में मदद करता है।
- **इंटरएक्टिव डिस्प्ले:** स्टोर्स में इंटरएक्टिव डिस्प्ले होते हैं, जहां ग्राहक विभिन्न टेक्सचर और स्टाइल्स को एक्स्प्लोर कर सकते हैं, जिससे खरीदारी का अनुभव और भी मजेदार बनता है।

5. स्वाद (Taste)

- **विशेष आयोजन और प्रचार:** विशेष आयोजनों के दौरान, ग्राहकों के रिफ्रेशमेंट्स का आयोजन करता है, जिससे खरीदारी का अनुभव और भी खास बन जाता है। हालांकि यह हर बार नहीं होता, ये खास मौके पर मिलने वाली ट्रीट एक यादगार रिटेल अनुभव बनाने में मदद करती है।

स्टाफ ट्रेनिंग और ग्राहक इंटरैक्शन

ग्राहक-केंद्रित ट्रेनिंग

ब्लैकबेरीज़ (Blackberrys) अपने कर्मचारियों को उत्कृष्ट ग्राहक सेवा प्रदान करने के लिए उन्हें ट्रेन करने पर जोर देता है।

- **प्रोडक्ट की जानकारी:** कर्मचारियों को ब्लैकबेरीज़ (Blackberrys) के सभी प्रोडक्ट्स के फीचर्स, मैटेरियल्स, और कारीगरी में इस्तेमाल की गई प्रक्रिया के बारे में अच्छी तरह से प्रशिक्षित किया जाता है। इससे वे ग्राहकों को सही सलाह देने और उनके सवालों का सही उत्तर देने में सक्षम होते हैं।
- **व्यक्तिगत सेवा:** स्टाफ को यह सिखाया जाता है कि वे ग्राहकों की अलग-अलग जरूरतों को समझें और उनकी मदद करें। वे हर ग्राहक को ध्यान से सुनते हैं और उन्हें व्यक्तिगत स्टाइल की सलाह देते हैं ताकि हरेक ग्राहक महत्वपूर्ण महसूस करे।

इंटरैक्टिव जुड़ाव

ब्लैकबेरीज़ (Blackberrys) स्टाफ और ग्राहकों के बीच उच्च स्तर की बातचीत को बढ़ावा देता है।

- **स्वागत और मदद:** जब भी कोई ग्राहक स्टोर में प्रवेश करता है, तो उनका स्वागत किया जाता है और मदद की पेशकश की जाती है। स्टाफ को बिना ज्यादा बाधा डाले सतर्क रहने के लिए प्रशिक्षित किया जाता है, जिससे खरीदारी का अनुभव बेहतर हो सके।
- **संबंध बनाना:** नियमित ग्राहकों को पहचाना जाता है और उनकी पसंद और पिछले खरीददारी के बारे में बातचीत की जाती है, जिससे मजबूत ग्राहक संबंध और लॉयल्टी विकसित होती है।

डेटा एनालिटिक्स का उपयोग

डेटा-आधारित निर्णय

ब्लैकबेरीज़ (Blackberrys) अपने व्यापार को बेहतर बनाने के लिए डेटा एनालिटिक्स का इस्तेमाल करता है। यह उन्हें स्टॉक प्रबंधन और ग्राहकों से जुड़ने में मदद करता है।

- **ग्राहक इनसाइट्स:** ब्लैकबेरीज़ (Blackberrys) अपने ग्राहकों की खरीदारी के इतिहास और पसंद का विश्लेषण करता है। इससे वे अपने प्रोडक्ट्स और मार्केटिंग को ग्राहकों की जरूरतों के अनुसार तैयार कर सकते हैं।
- **स्टॉक प्रबंधन:** डेटा एनालिटिक्स भविष्य में डिमांड और स्टॉक को बेहतर तरीके से प्रबंधित करने में मदद करता है। इससे लोकप्रिय प्रोडक्ट हमेशा उपलब्ध रहते हैं और ओवेरस्टॉक या स्टॉक में कमी की समस्या नही होती है।

बेहतरीन मार्केटिंग तकनीकें

डेटा की जानकारी का उपयोग करके ब्लैकबेरीज़ (Blackberrys) विशेष मार्केटिंग अभियानों को तैयार करता है।

- **व्यक्तिगत प्रमोशन:** ब्लैकबेरीज़ (Blackberrys) डेटा का उपयोग करके ग्राहकों के सेग्मेंट्स की पहचान करता है और उन्हें खास ऑफ़र और छूट प्रदान करता है, जिससे उनके मार्केटिंग प्रयासों की प्रभावशीलता बढ़ती है।
- **व्यवहारिक विश्लेषण (Behavioral Analysis):** ग्राहकों की खरीदारी के पैटर्न को समझकर, ब्लैकबेरीज़ (Blackberrys) अपने स्टोर और प्रोडक्ट्स को इस तरह से डिस्प्ले करता है कि वे ग्राहकों की पसंद के साथ मेल खाएं।

प्रभावी संचार के तरीके

कई माध्यमों से जुड़ना

ब्लैकबेरीज़ (Blackberrys) अपने ग्राहकों से जुड़ने और अपने ब्रांड को बढ़ावा देने के लिए कई संचार माध्यमों का सही तरीके से इस्तेमाल करता है।

- **डिजिटल उपस्थिति:** ब्रांड अपनी वेबसाइट और सोशल मीडिया के माध्यम से एक मजबूत ऑनलाइन उपस्थिति बनाए रखता है, जहाँ वह नई कलेक्शंस, प्रमोशंस और फैशन टिप्स के बारे में अपडेट साझा करता रहता है।
- **लॉयल्टी प्रोग्राम:** ब्लैकबेरीज़ (Blackberrys) का लॉयल्टी प्रोग्राम नियमित ग्राहकों को विशेष लाभ देकर प्रोत्साहित करता रहता है, जिससे वे बार-बार खरीदारी करते रहें और ब्रांड के प्रति लॉयल बने रहें।

ब्रांड की कहानी

ब्लैकबेरीज़ (Blackberrys) अपने संचार के जरिए अपने ब्रांड की विशेषताओं और मूल्यों को दर्शाता है। यह ग्राहकों को ब्रांड की यात्रा और उसकी पहचान से जोड़ने का काम करता है।

- **कंटेंट मार्केटिंग:** ब्लैकबेरीज़ (Blackberrys) अपने ब्लॉग, न्यूज़लेटर्स और सोशल मीडिया पोस्ट के जरिए अपने उच्च गुणवत्ता, कारीगरी, और स्टाइल के प्रति प्रतिबद्धता को साझा करता है। यह कहानी बताने का तरीका उनके दर्शकों से मजबूत संबंध बनाने में मदद करता है।

- **एक समान संदेश:** ब्लैकबेरीज़ (Blackberrys) सभी संचार चैनलों पर एक समान संदेश बनाए रखता है जिसका मकसद होता है ब्रांड की आवाज़ को हर जगह पहुँचाना। इससे उनकी पहचान मजबूत होती है और ग्राहकों का अनुभव बेहतर बनता है।

शानदार परिणाम

ब्लैकबेरीज़ (Blackberrys) ने भारत में एक प्रमुख पुरुष वस्त्र ब्रांड के रूप में अपनी पहचान बनाई है। उन्होंने ऐसा बेहतरीन रिटेल अनुभव बनाया है जो पाँचों इंद्रियों को जोड़ता है, बेहतरीन ग्राहक सेवा पर जोर देता है, डेटा एनालिटिक्स का उपयोग करता है, और प्रभावी संचार तरीकों को अपनाता है।

इस तरह का दृष्टिकोण न केवल ग्राहकों की संतुष्टि बढ़ाता है, बल्कि लॉयल्टी और व्यापार वृद्धि को भी प्रेरित करता है।

यह केस स्टडी दिखाती है कि कैसे ब्लैकबेरीज़ (Blackberrys) एक यादगार और आकर्षक रिटेल अनुभव बनाने में सफल हुआ है, जिसमें संवेदनात्मक जुड़ाव, बेहतरीन ग्राहक सेवा, डेटा पर आधारित संचालन, और प्रभावी संचार शामिल है।

फैबइंडिया (Fabindia) - अपने क्षेत्र का राजा

कंपनी का परिचय

फैबइंडिया (Fabindia), जिसकी स्थापना 1960 में हुई, एक प्रसिद्ध भारतीय रिटेल ब्रांड है जो पारंपरिक भारतीय कपड़ों, एक्सेसरीज़ और घर के फर्नीचर में विशेषज्ञता रखता है। यह ब्रांड भारतीय शिल्प और हैंडलूम को बढ़ावा देने के लिए जाना जाता है।

चुनौती

फैबइंडिया (Fabindia) को एक भीड़-भाड़ भरे रिटेल बाजार में अलग दिखने की चुनौती का सामना करना पड़ा, जहाँ स्थानीय और अंतरराष्ट्रीय दोनों तरह के ब्रांड मौजूद थे। उन्हें एक ऐसी रणनीति की आवश्यकता थी जो ग्राहकों को आकर्षित करे और एक यादगार खरीदारी का अनुभव बनाए, ताकि ग्राहक बार-बार आएं और उनकी लॉयल्टी बढ़े।

समाधान

फैबइंडिया (Fabindia) ने एक बहु-संवेदी (multi-sensory) रिटेल दृष्टिकोण अपनाया, जिससे उन्होंने एक समृद्ध और आकर्षक खरीदारी का माहौल बनाया। यहाँ बताया गया है कि उन्होंने पांच इंद्रियों को कैसे शामिल किया:

पांचों इंद्रियों को शामिल करना

1. **दृष्टि (Sight)**
    - **विजुअल मर्चेंडाइजिंग (Visual Merchandising):** फैबइंडिया (Fabindia) के स्टोर्स का डिज़ाइन भारतीय परंपरा को दर्शाता है। इनमें चटक रंग, हस्तनिर्मित डिस्प्ले (हैंडक्राफ्टेड डिस्प्ले) और कलात्मक सजावट होती है, जो उनके ब्रांड की पहचान से मेल खाती है।
    - **प्रोडक्ट प्रेजेंटेशन (Product Presentation):** प्रोडक्ट्स का लेआउट और प्रेजेंटेशन इस तरह से किया जाता है कि हर चीज की कारीगरी और विशेषता को अच्छे से दिखाया जा सके।

2. **ध्वनि (Sound)**

   पर्यावरण संगीत (Ambient Music): स्टोर्स में सुखद भारतीय शास्त्रीय या लोक संगीत बजाया जाता है, जो ब्रांड की पारंपरिक थीम के साथ मेल खाता है और खरीदारी के अनुभव को बेहतर बनाता है।

3. **सुगंध (Smell)**

   सुगंधित वातावरण (Scented Environment): फैबइंडिया (Fabindia) अपने स्टोर्स में प्राकृतिक सुगंध जैसे चंदन या चमेली का उपयोग करता है, जिससे एक सुखद और आमंत्रित करने वाला वातावरण बनता है, जो उनके प्राकृतिक और जैविक उत्पादों पर ध्यान केंद्रित करता है।

4. **स्वाद (Taste)**

   कैफे का समावेश (Café Integration): कुछ बड़े फैबइंडिया (Fabindia) स्टोर में फैब कैफे होता है, जहां आर्गेनिक और पारंपरिक भारतीय खाने की पेशकश की जाती है। इससे न केवल ग्राहकों को भारत का स्वाद मिलता है पर वे स्टोर में और अधिक समय बिताना पसंद करते हैं। कुछ स्टोर्स में, फैबइंडिया (Fabindia) ग्राहकों को पारंपरिक भारतीय चाय या स्नैक्स के कम्प्लीमेंटरी सैंपल्स भी देता है।

5. **स्पर्श (Touch)**

   स्पर्श अनुभव (Tactile Experience): ग्राहकों को प्रोडक्ट्स के फैब्रिक्स और टेक्सचर्स को छूने और महसूस करने के लिए प्रेरित किया जाता है। यह स्पर्श अनुभव हैंडक्राफ्टेड सामन बेचने वाले ब्रांड के लिए बहुत महत्वपूर्ण होता है, क्योंकि यह ग्राहकों को गुणवत्ता और कारीगरी की सराहना करने का मौका देता है।

शानदार परिणाम

फैबइंडिया (Fabindia) का मल्टी-सेंसरी तरीका एक खास और दिलचस्प खरीदारी अनुभव बनाने में सफल रहा है। इससे ब्रांड ने बेहद मजबूत अंतरराष्ट्रीय प्रतियोगियों के बीच अपनी मजबूत जगह और ग्राहक लॉयल्टी बनाए रखी है। उनके स्टोर्स का यह संवेदनाओं से भरा माहौल ग्राहकों को अधिक समय बिताने के लिए प्रेरित करता है, जिससे बिक्री बढ़ती है।

फैबइंडिया (Fabindia) ने सभी पांच इंद्रियों को प्रभावी ढंग से शामिल करके एक खास और यादगार शॉपिंग अनुभव बनाया है, जो ग्राहकों के साथ मज़बूती से जुड़ता है। यह तरीका न केवल ब्रांड की पहचान को मजबूत करता है, बल्कि ग्राहक लॉयल्टी और बार-बार खरीदारी को भी बढ़ाता है।

⦸⦸⦸⦸

अध्याय 7

रिटेल के सुपर स्टार्स
अपनी विजेता टीम बनाएं!

चलिए शुरू करते हैं, समापन एक कहानी के साथ!

एक समय की बात है, एक शक्तिशाली राजा था, जो सिर्फ शक्तिशाली ही नहीं, बल्कि बहुत समृद्ध भी था। उसकी ज़िंदगी सफलता के सभी प्रतीकों से सजी हुई थी। फिर भी, वह खुश और संतुष्ट नहीं था। उसके अंदर कुछ और पाने की बेचैनी लगातार चलती रहती थी, और वह अपने जीवन में और अधिक चाहता था।

इसलिए, उसने खुशी और संतोष की खोज में एक बड़ा सफर शुरू किया। उसके पास पूरे क्षेत्र में सबसे बेहतरीन रथों में से एक था, जो शक्तिशाली, दुर्लभ नस्ल के घोड़ों द्वारा चलाया जाता था।

राजा को विश्वास था कि इस शानदार रथ और अद्‌भुत घोड़ों के साथ वह जल्दी ही अपने लक्ष्य तक पहुंच जाएगा, और खोज की यह राह एक बड़े रोमांच की तरह होगी।

हालांकि, उसे यह देखकर झटका लगा और आश्चर्य हुआ कि उसका रथ तेजी से आगे बढ़ने के बजाय, धीरे-धीरे और कच्चे रास्ते पर चल रहा था।

उसके प्रिय घोड़े उसे क्षितिज (horizon) की ओर ले जाने के लिए तैयार थे, लेकिन उनकी पूरी ताकत के बावजूद, रथ बस थोड़ा-थोड़ा ही आगे बढ़ रहा था।

राजा ने सोचा कि ऐसा क्यों हो रहा है, इसलिए वह रथ के सामने खड़ा हुआ और घोड़ों को ध्यान से देखने लगा। वह यह देखकर हैरान रह गया कि प्रत्येक घोड़ा रथ को एक अलग दिशा में खींचने की कोशिश कर रहा था, वे सभी अपने अनुसार अपने प्यारे राजा के लिए सबसे अच्छे रास्ते की ओर रथ को खींच रहे थे। उन सारे घोड़ों का ध्यान केवल अपने राजा को "सर्वश्रेष्ठ रास्ते" पर ले जाने का था। उन सभी के इरादे बहुत नेक थे लेकिन रथ को अलग-अलग खींचने के कारण, उनके प्रयास एक-दूसरे को रोक रहे थे।

राजा निराश होकर रथ से उतर गया। उसने प्रत्येक अद्भुत घोड़े के पास जाकर उनके कान में एक महत्वपूर्ण निर्देश फुसफुसाया। कुछ ही मिनटों में एक गजब का परिवर्तन हुआ।

घोड़े, जो पहले अपने-अपने तरीके से रथ को खींच रहे थे, अब पूरी तरह से एकजुट हो गए।

उनकी एकजुट ताकत ने रथ को बहुत तेज़ी से आगे बढ़ाया, जिससे राजा बहुत खुश हुआ और सांसें थाम कर आगे की यात्रा के लिए उत्सुक हो गया और अपने गंतव्य का बेसब्री से इंतज़ार करने लगा।

यह, प्रिय पाठक, कई दुकानदारों की कहानी है। आपके पास बेहतरीन प्रोडक्ट्स, जोशीले एवं अनुभवी कर्मचारी और एक शानदार ब्रांड हो सकता है, फिर भी विकास रुका हुआ है। जैसे राजा का रथ, इसका अर्थ है आपके प्रयासों में एकजुटता की कमी है।

हर एक हिस्सा, चाहे कितना भी अहम हो, अगर अकेले काम कर रहा है, तो आपकी सफलता की राह में रुकावटें ज़रूर आएँगी।

आपने एक अद्भुत सफर तय किया है, जिसमें रिटेल में सफलता के चार पहियों का विस्तार से पता लगाया है।

हमने रिटेल उत्कृष्टता के चार प्रमुख पहियों को बारीकी से समझा है, जिनमें शामिल हैं:

- विजुअल मर्चेंडाइजिंग (पाँच इंद्रियों का खेल)
- स्टोरीटेलिंग की कला, एक शानदार कहानी बनाने के तरीके और इसके साथ-साथ स्टाफ ट्रेनिंग से बिक्री को बढ़ाना
- डेटा-संचालित इनसाइट्स के ज़रिए सही फैसले लेना
- प्रभावी संचार का सामंजस्यपूर्ण तालमेल

यह किताब आपके लिए एक नक़्शे और कंपास की तरह है, जो आपके रिटेल बिज़नेस की सफलता को चार पहियों के माध्यम से चलाने की कोशिश करेगी: आकर्षक विजुअल्स, सशक्त स्टाफ, डेटा-आधारित जानकारियाँ, और रणनीतिक संचार।

लेकिन यह सफर यहीं खत्म नहीं होता। असली काम अब शुरू होता है – **इन रणनीतियों को अपने बिज़नेस में लागू करना और उनके असर को देखना।** मैंने जो जानकारी और तरीके बताए हैं, उससे मुझे पूरा भरोसा है कि आप इसे अच्छे से करेंगे।

अब आपके सामने एक महत्वपूर्ण विकल्प है।

आपने जो ज्ञान हासिल किया है, वह केवल शुरुआत भर है। अब सबसे अहम कदम है: **इसे लागू करना।**

क्या आप अकेले धीरे-धीरे आगे बढ़ना चाहते हैं, या फिर तेज़ी से तरक्की करने का सपना देखते हैं?

अगर आप तेज़ी से बढ़ना चाहते हैं, तो मैं आपको अपने साथ इस रिटेल सफर के अगले चरण पर चलने का न्योता देता हूँ।

मैं समझता हूँ कि हर रिटेल बिज़नेस अलग होता है। इसलिए, मैं उसके हिसाब से व्यक्तिगत तरीके से काम करता हूँ। मैं आपकी जरूरतें, चुनौतियों और लक्ष्य समझने के लिए आपके साथ मिलकर काम करता हूँ। फिर, मैं अपनी सेवाओं को इस तरह से तैयार करता हूँ कि एक ऐसी रणनीति बनाई जा सके, जो आपकी खास जरूरतों का ध्यान रखे और आपको आपके लक्ष्यों को पाने में मदद करे।

यहाँ मैं आपके लिए क्या करूँगा:

- **आपके विशेष रिटेल लक्ष्यों की पहचान करूँगा।** आपके लिए सफलता का मतलब क्या है? आपकी वर्तमान स्थिति का मूल्यांकन करूँगा। क्या आप चार पहियों का सही तरीके से उपयोग कर रहे हैं?
- **एक रणनीतिक योजना बनाएँगे।** यह जानेंगे कि आपको किस क्षेत्र में सुधार करने की ज़रूरत है और फिर उसी हिसाब से उसे सुधारने के लिए कदम उठाएंगे।
- **कारगर तरीके बताऊंगा:** मैंने कई रिटेलर्स को उनके लक्ष्यों तक पहुँचने में मदद की है, और मैं आपके लिए भी वही कर सकता हूँ।

याद रखें, रिटेल में स्थायी सफलता पाने के लिए **लगातार सीखना, अनुकूलन करना (adaptation), और बेहतर बनने के लिए प्रतिबद्ध रहना जरूरी है। यदि आप सक्रियता से काम करेंगे और आपके रिटेल पहिये आपस में मेल बनाकर चलते रहेंगे,** तो आप अपने विज़न को हकीकत में बदल सकते हैं, औरों को पीछे छोड़ सकते हैं, और अपने बिज़नेस को एक सफल भविष्य की ओर ले जा सकते हैं।

क्या आप अपने सफर पर निकलने के लिए तैयार हैं? हम आपकी मदद करने के लिए यहाँ हैं। आज ही हमसे संपर्क करें, अपनी

ज़रूरतों पर चर्चा करें, और जानें कि हम कैसे आपके साथ मिलकर आपके रिटेल लक्ष्यों को हासिल कर सकते हैं।

अपने विशेष लक्ष्यों पर चर्चा करने और यह जानने के लिए कि मेरी विशेषज्ञता आपके रिटेल विज़न को हक़ीक़त में कैसे बदल सकती है, amit@facetsgroup.net पर एक मुफ्त परामर्श (consultation shedule) करें।

आपको अपार वृद्धि की शुभकामनाएं!

हैप्पी सेलिंग!!!

⦸⦸⦸⦸